COLLECTION POÉSIE

Ce recueil constitue le deuxième volume des Poèmes de l'auteur.
Le premier, intitulé *Poèmes 1*, a paru, en 1983,
aux éditions Flammarion. Il avait été précédé par
Extraits du corps. Poèmes complets 1954-1970, 10/18, 1976.

BERNARD NOËL

La Chute des temps

SUIVI DE

L'Été langue morte
La Moitié du geste
La Rumeur de l'air
Sur un pli du temps

nrf

GALLIMARD

encore

à Jacques Lacarrière

Il y a un dévouloir, puis le silence, puis le vide : une sorte de lavement mental. Ensuite peut advenir une précipitation.

Comme une étoile tombe dans la nuit d'août. Et tombe avec elle une éternité passagère.

Le ciel ne s'en souvient pas. La tête non plus. Rien à revendiquer, sinon l'impersonnel.

La perfection fut dans le trajet, comment serait-elle dans la trace ? Voici le pas à pas, non la vitesse. Mais, autour du chemin, chacun peut mettre de la tête. Ou de la vue.

Et dans la vue, l'oiseau sauvage surgit, et son bec déchire la page ou les yeux.

Il ne s'agit pas d'attendre le possible. Il s'agit seulement de créer les conditions propices à l'apparaître, et alors survienne ce qui doit venir.

Tout besoin en appelle un autre. Leur croisement inscrit dans l'espace un présage réciproque, mais peut-être de sens contraire.

Ainsi, j'ouvre des livres comme une certaine fureur ouvrait la bouche de l'oracle — et tes mots disent ce que je cherchais, eux qui ne l'avaient jamais dit avant que je le cherche.

Tout espace tendu est intérieur. Quand l'étoile tombe, le ciel est une tête qui pense.

Pour tendre l'espace, il faut être clair. Clair comme la nuit, car l'obscur est sans reflet.

Ce qui est dit dans l'obscur va de l'oubli à l'oubli en brillant de son seul éclat. Et cela est révélateur parce que cela ne prend que le temps de tomber dans sa propre fin. Mais où est la fin quand la trajectoire désigne l'infini ?

Il n'y a pas de raison d'être. Etre, c'est vivre l'impossible jusqu'à s'en faire une raison.

Et cela est obscur. Comme est obscure la poésie quand elle appelle, et qu'à force d'appeler elle devient l'art d'accommoder des restes d'avenir.

Les mots sont à l'absence ce que les morts sont à la terre : ils la créent et, l'ayant créée, celle-ci fait pousser leur contraire. L'avenir est d'abord cette lourdeur, qui nous lie au sol avant de se nier dans le vertical.

Le désir nous dresse. Il est l'avenir qui se réalise en restant l'avenir.

Parfois danse, toute debout sur celui qui se tient debout, une lueur de souveraineté — tel un cri lumineux. Elle s'abîme dans nos regards insignifiants.

Devancer la mort : à quoi servirait d'écrire, si l'on n'y trouvait pas cette longueur d'avance ?

La tension de l'espace mental est proportionnelle à cette longueur-là. Elle soulève — ou ne soulève pas — en nous des masses éteintes dont le redressement nous met en tête un point de vue depuis lequel apparaît l'immensité, c'est-à-dire ce qui est en avant de je.

L'immensité est un bain d'air où le une-fois de notre vie brille comme l'étoile filante. Qui n'échangerait la vieille durée servile contre cet éclair-là ?

Le droit à la mort abolit l'ancienne loi mécanique, qui faisait tourner le monde et nos vies sur ses dents. L'espace, où les pensées font flamber leur chevelure de mots, n'est pas un engrenage, mais un champ organique. La loi nouvelle met nos énergies en conjonction, et nous désirons au lieu de capitaliser nos actes.

Le désir est ce qui couvre d'un seul visage nos deux mondes : celui de la destruction et celui de l'amour. Le visage est la solution toujours provisoire de ce conflit.

L'étendue du conflit tend par-dessus l'abîme une voûte dont le visage est la clef. Et là-dessous rôdent la catastrophe, l'obscénité, la peur, toutes les bêtes, et le futur cadavre déjà là. Et la voûte est l'écran où cela se voit dans la limpidité de la lumière inverse.

Images.

Images : langue du fond. Langue fondamentale.

Images filantes dans l'épaisseur émue où le sentimental est enfin tombé en poussière. Poème de tête dont le poème de page est le mot à mot.

19 décembre 1982.

LA CHUTE DES TEMPS

à Emmanuel Hocquard

La nuit longtemps dévouée à la nuit
Tout à coup se poursuit dans l'ombre
et devient l'azur.

PIERRE JEAN JOUVE

chant un

qui
    et de ce mot lancé
est-ce vers toi ou bien vers qui
la vieille plainte déchire
chacun confond le sang et le savoir
il y a fuite d'avenir
                    ô les dents
et derrière elles ces lèvres de vent
où va et vient le goût du présent
le compte n'y est plus qui faisait le jour
la lumière penche et
là-haut vient le bleu terrible
nul n'est sûr à soi-même
la faulx est dans le cœur cachée
et que veux-tu si la beauté
tient au passé toujours c'est
comme le pied à la chaussure
nous admirons ceux qui ne peuvent pas mourir
car ils sont la nature que nous ne sommes pas
aucun baiser n'emporte la bouche offerte
et gardée malgré le désir
qui
    qui donc voudrait

sentir sur la peau de ses yeux
autre chose que le vide du monde
l'aile a le même besoin
d'abîme et nous passons dans
l'air oubliant
que la vérité se tue elle-même
                                        il y a
trop de doigts sur les choses
les mots n'en reviennent pas
deuil sale et
on t'avait dit de prendre garde
le souffle remue la langue
il nous reste un mur là-bas
de pierres aériennes et ce cadre obscur
qu'on appelle vie
                        mais qui
devine en l'incessant passage
la substance même de l'intimité
                                        et qui
peut rire à la folie du reflet mortel
je est un écho
il roule sous le crâne
et qui l'a dit
                    la voix ne ressemble à rien
elle est le tremblement de la chair molle
sa fragilité faite invisible
l'homme s'oublie dans cette fumée d'air
il imagine et voit l'imaginé
il est une fois
                    desserre ta gorge
une goulée de temps est douce

dans le tombeau suinte une source
et l'herbe as-tu dit fait revenir les morts
au jour
          trop d'ongles cherchent nos yeux
la tête est lasse d'être en haut
elle regrette le singe mais quoi
l'amour est le côté beurré
de la condition je me souviens
d'une chambre toute neuve et tu
disais la mémoire met des draps
blancs aux lits qui ne serviront plus
le linge sale vaut mieux pour le futur
et même pour le mystère et même
pour la poésie
                    qui ne va si souvent
à la ligne que pour souiller plus vite
et par saccades
                    qui est blanc
j'aime disais-tu j'aime tellement
être le contraire de ce que je fus
cela me déleste des idées que j'aie eues
cela m'aide à gaspiller mon nom
écoute le grand bruissement des cellules
la feuillaison du corps
et quelle haleine en est la rumeur
je ne veux rien d'autre sur
ma langue
              et vois-tu
je couche loin de moi-même
mes paupières restent battantes
le temps fait le tour de la terre

en attendant et j'espère j'espère
qu'il s'est enfin évadé de moi
l'ennemi
il fut un temps où
l'homme ne comprenait pas le mot
homme où l'homme n'était pas
lié à lui-même
maintenant je est seul
et le solitaire est tout de même interdit
au ciel du dieu-peuple et du dieu-dieu
il regarde la trace de l'oiseau
il regarde son regard que raccommode
cette déchirure et
qui va là
l'infini est le rapport de la couture
du monde avec notre propre couture
viens disait-elle viens
le passé ne doit pas durer sauf
dans l'oubli et sais-tu
le périssable est notre jour
il lave le monde et
nos yeux il permet que
d'autres visages portent notre nom
et qui
qui fut moi
dans le temps où tu m'aimais
le tu est la nuit des mots
faisais-tu et le non-vécu
montait vers nous comme une vague
on n'en vivra jamais assez
l'homme écrit son histoire d'une main

l'autre se prend dans la page
quelque chose qui nous ressemble
s'ajoute à ce qui est
mais quoi
le corps n'a pas lieu tout le temps
et l'émotion est chose muette
comme l'est toute chose
le je appelle pour être tutoyé dans
l'innombrable nous prendrons
le large les syllabes feront voile
l'avenir n'est pas un jour plus un jour
il est maintenant
oh dis-je
si tu ne veux pas de moi
le toi ne pourra te revenir
pas plus que ton image de moi
ne pourra sortir de toi
nul n'est en soi hormis les anges
ton image criera en moi
oh injuste
injuste et mon souffle emportera
le visage qui sur ton visage était
la beauté de mes yeux
et il restera tout à dire encore
de notre vivant puis tu marcheras
sur mon ombre poussant
du pied ce petit tas de mots
le désir
le désir fut ce glissement
vers l'immédiate éternité
le cœur

battant le venir battant
pour que la forme du présent
soit la même que ce battement
quel amour les pierres blanches
autour du lit et l'air
entre les doigts coulant
un silence la peau de l'œil
fraîche les mains cousant
une lumière
                    je n'écrirai plus
disais-je et tu me répondais
il faut que vive de nous
ce qu'aucune peau ne protège
et qui n'a pas même de chair
pour en mourir
                    je fais comme si
je me souvenais mais tout cela
précède et qu'importe si je préfère
parler du futur au passé
ce qui sera et ce qui fut portent
notre maintenant il ne faut pas
trop de réalité à la fois
les yeux ouverts sont immortels
ils regardent la langue coupée
qui devant chaque chose prend
ou sur laquelle chaque chose est peinte
grandeur nature
                    nous ne savons rien
nous parlons avec l'accent du présent
coucou coucou fait en vain le perdant
et couac la bouche sent là-haut

le vide sous le palais
quel tombeau où va le mot
étoile tomber dans le noir
les visions n'ont pas besoin de sépulture
le mental est un lieu sûr
bien que provisoire il connaît les formes
sans être forme lui-même il est
multiple tout en étant un
et sa limite est en lui tout comme
en lui le perpétuel besoin de chavirer
hors de soi
            je vis de ma mort
ce futur soulève mon présent
le jour la nuit ne mesurent rien
car la mesure qu'est-ce que la mesure
une goutte d'air dans l'air
les yeux toujours dans les mêmes trous
la fenêtre prise pour l'espace
                                        suis-je
de mon temps
                  drôle de question
mon temps n'est qu'à moi
que seraient les terreurs et la modernité
sans le papier comme cervelle répandu
en guise de sens et d'avoir
comme il faut
                  on me dit poète
moi pas
            en cela je suis d'accord
avec l'ennemi mais l'ennemi est poète
c'est pourquoi il aime la poésie

moi pas
la poésie est une poire
introuvable quand on a soif
quelque chose appelle dans le mouvement
de sa propre disparition et cela seul
chatouille la langue dis-moi
quel nom quel miroir de nuage
mais tout visage se lève
de soi-même dès qu'on le fixe
et je meurs
la main pose ces mots
et ne sait rien de tout ce qui pourtant
s'évapore ici même dans l'élan
de nommer
qui
et celui-là jusqu'au dernier
moment n'osera dire
c'est assez
il regarde la main
est-ce moi fait-il
le corps porte tellement de je
l'un chasse l'autre et change la récolte
la saveur de la durée perle mieux
sur le il combien de places encore
en moi dessous l'unique peau
la succession est si légère
toute une histoire qu'on ne lira pas
sur le blanc de l'œil mais nul ne lit
non plus dans l'air cette partie
qui fut le contenant de nos paroles
le souffle à travers lequel nous

nous sommes touchés n'est rien
que ce tout et va le vent
d'une mer à l'autre d'une bouche
vers toutes les bouches la poésie
est comme l'air un poème la respire
un instant puis il n'est plus
que la gorge vidée la gorge
appelante et j'étouffe
de ne pas comprendre le monde
le même ciel sur tout déroulé
l'obstination de la vie
                                        l'homme
ne peut être qu'un homme
et voici la chose terrible la chose vraie
hors de lui rien ne change
il revoit le vieux pays porteur d'air sombre
et le besoin d'avant l'histoire le reprend
le besoin des signes mais la terre est nue
sa gratuité crève les yeux
il ne traîne à la surface
que les squelettes d'une affaire basse
et violente
                    le sang gèle
et celui qui pense à l'abri des paupières noires
rêve d'une vie sans mémoire d'une vie
pure il cherche un lieu où le temps
ne se diviserait pas plus que le ciel
maintenant dit-il chacun de nous
attend quelqu'un qui veut sa mort
et l'on appelle cela vivre
le quotidien n'est jamais clair

tout çe que nous disons est l'écho
d'un mot passé d'un mot
qui voudrait achever aujourd'hui même
une chose autrefois commencée
nous voyons les mêmes étoiles que les morts
et l'odeur qui monte de la terre est le fantôme
de toutes ses fleurs
change-moi
dit-elle change-moi de moi car tout
précède le présent ô rumeur
qui me double et me vieillit
de ma propre jeunesse écoute
j'ai perdu mes cris et mes mains
restent là posées sur l'air
regarde le seul désir est dans les yeux
les yeux ne signent rien
ils voient ce qui n'est pas moi seulement
ils sont la langue du tu et le tu
échappe à la forme mortelle
j'ai peur des pierres leur vie est trop longue
la mienne désire une durée qui dissoudrait
moins la mort que mon identité
tuante
ceux qui ne voient que dans leur cœur
oublient l'amour dans l'amour
qui me repêchera au bord de ton visage
si je meurs de n'être que moi
ô langue langue à quoi bon
aller à la ligne comme si le temps
ne le faisait pas tout seul jour après jour
la lune tire l'eau la neige fond

mes dents vieillissent et le présent
est de plus en plus haut
mais vive l'abrupt
il casse l'ordre des choses
il donne enfin la parole
à l'évidence
                    mais qui
porte le deuil de soi-même
tant qu'il lui reste à faire
et c'est encore et toujours tout
d'avance j'ai fait la part du cadavre
il aura mon nom pas ma chair souviens-toi
la clé est dans la collision des contraires
il aime l'orbite débordante
d'inconnaissable qui est la bave
des esprits et moi pensant au creusement
futur je ris avec mes lèvres
que n'aura pas le mort
                                        maintenant
vienne ce qui doit venir
car tout est regard debout
dans le présent même la chute
ainsi je vois monter les choses autour
de moi et grandir doucement
le cercle je ne sais pas ce qu'est
cette figure ni le pourquoi
ni le comment je n'aime pas
le chant pas le poème
et cependant je leur donne mon temps
car ils sont comme lui
le contre-moi

contre-chant un

qui
langue pâlotte
étroit de la glotte
vers l'extrémité
cherche l'achevé
mais la tête trotte
qui
penché penché
sur le bord mortel
et sous la pensée
le regard plié
comme une aile
qui
tout pour oméga
pas le moindre alpha
entonne et personne
ô trac et maldonne
le grand patatras
de l'au-delà
qui
voudrait rime en igme

pour coupler l'énigme
et l'effacement
il trouve néant
graine de gangrène
par quoi le fatal
verse à la rengaine
pur caca mental
nulle autorité
car l'humanité
vaut bien l'extrinsèque
et qu'on l'hypothèque
sens dessus dessous
mais qui
tout à coup
joue à bouche-trou
et qu'est-ce qui tremble
quand sa chair lui semble
mise au clou des os
il broie mot à mot
un vague antidote
ou bien fait carotte
de quelque passion
pas d'hésitation
chacun veut la lèvre
où viendra l'amour
dialogue de sourds
on y prend la fièvre
la terre vieillit
et pas de repli
parfois la lumière
est une chimère

tout mène au couic
quand on frime aux tics
un ravage mou
sous la pente à poux
mais qui
pris de zèle
brique sa cervelle
chasse le trop-su
et vas-y de l'aile
goulu d'absolu
t'auras plénitude
ou turlututu
question d'aptitude
en sublimité
pour la certitude
faut pas débander
celui qui médite
passe la limite
ni vu ni connu
il revient repu
mais sa chair est triste
d'être idéaliste
ô contradiction
drôle de piston
féconde le fond
des mondes
mais qui
disant non dans oui
y dit l'infini
dont il est l'écho
le rire sous cape

ou la crispation
les farces et attrapes
de l'inspiration
rien d'autre à jouer
pour dévergonder
la plaie
        qui vous sonde
ou bien vous inonde
du froid permanent
qu'est l'ordre des choses
alors croisement
dans le trou des causes
du déridéra
et du tralala
pendant qu'on déchausse
son corps de la fosse
tout le tape-cul
du su de l'insu
n'est plus que l'écume
d'un cancan posthume
mental dévissé
tripes qu'on gégène
la vie est trop pleine
de postérité
puisque l'appris pue
que vienne l'obscur
car la pensée mue
en faisant le mur

chant deux

qui
    et la voix perdue la voix faussée
qui tire vers le haut la première salive
pour le retour du commencement
le présent colle à ses dents
bouche trop creuse et pas assez
œil si ouvert à sa propre ouverture
œil voyant les signes les figures et c'est
buée volant
                mais qui
vers l'inconnu allant qui touche
de sa langue un venir déclinant
comme si les mots pouvaient déjà mourir
en leur amont et n'être que de l'air
dans l'air qui les porte en avant
tu fermes ton visage tu sens
l'espacement
                ô vide
derrière chaque passant vide
qu'on aperçoit montant
dans chaque orbite et chair

toute tombée poussière au vent
faisant la prophétie de ce qui fut
la terre a faim d'être invisible
sous nos mots comme nous
sous nos ombres tu voudrais
t'allonger dans la rumeur qui
jette l'air contre les murs
                                        et d'une
main t'ancrer à la chevelure des choses
pendant que passerait la place du mort
mais voici des lèvres
une tête les porte en souvenir
de quelque amour futur
                                        lève lève
encore le bras pour l'adieu à toi-même
une bourre d'air noir dans la gorge
la-la la-la la-la la-la la
faut-il que le bonheur existe
le temps ne diminue pas le temps
nous faisons ça pour lui
                                        dis-moi dis-tu
pourquoi ta bouche pleine
de vieux habits et comment
commence la fin du monde
n'y a-t-il pas un autre jour
dans la doublure d'aujourd'hui
tu vois la peur saisir la pensée
tu vois l'arrachement des yeux
et les baquets remplis
pour que le vieux monde se baigne
dans le regard qui voulait le changer

il faut que la vie reste vieille
la langue clouée les paupières
piétinées
                qui qui et qui
et le goût des mots le goût
de tant de cadavres au petit matin
membres mêlés à qui ce sexe
à qui
        dis-moi
les jeunes morts sont-ils le vaccin
de l'indifférence ou bien
quel mur mental recevra nos lamentations
les derniers souffles gonflent la voile
du pouvoir l'histoire n'a de sens qu'à rebours
et qui
        pourrait se reconnaître dans
ce qui l'achève
                        plus tôt plus tard
on retrouvera nos douleurs dans la terre
roses de tête dira-t-on
messieurs mesdames de beaux échantillons
monnaies-momies
entrez entrez vous allez voir
la veille de la raison
à gauche un morceau d'émotion
à droite un four à penser
on pendait le penseur par les pieds
au-dessus du brasier plus loin
le réfrigérateur à paroles
mais qui
                un grumeau d'air

dans le gosier qui ne touche
en soi l'insignifiance d'être soi
et cependant rien de mieux que ce présent
même si tout le vaut mille et mille fois
en arrière comme en avant
quoi qu'il en soit d'un dit vrai
le dit faux se soustrait
l'opération ne laisse pas de reste
les mots meurent proprement
puis les mêmes consonnes vont aux mêmes voyelles
faire une langue
                    le chant commence
entre la vue et la réalité
la nuit tombe syllabe après syllabe
et c'est le lavement du monde
alors le toi le moi
comme une aile battant
sous le palais
                mais qui
non non
          criant
qui va rendre le vent au vent
chaque lettre rangeant
comme vaisselle de néant
— non non cela n'avance à rien
on a beau balayer dans les bouches
toujours la même poussière revient
— c'est la vie dis-je il paraît
que le nom entre en chacun de nous
et qu'il ralentit peu à peu
le désir

— non et non
si seulement l'avenir diminuait
on comprendrait qu'il faut en laisser
mais regardez-moi ça
l'infini
alors qu'à chacun le temps est compté
— rien qu'un peu d'eau
qui fuit chacun la fait
sous soi et c'est pourquoi
la poésie doit aller vite
nous sommes tous rêvés par notre mort
en attendant que son réveil nous tue
— moi mon cher je ne suis pas un artiste
car mes yeux ne sont pas d'ici
mais mon corps sait des choses
il lui faudrait des mots des mots
des mots
— vous voyez bien
entre l'émotion et ce qui répond d'elle
tout à coup vient le noir
le monde coupé en deux
un à-pic de douleur
que faire
dans ce qui est là toujours
s'ouvre l'œil du non
et qui
a cousu des mèches sous les ongles
allumé les cinq doigts lumière
lumière la clarté du monde
s'écrit dans l'épais de la chair
mais les hommes ne sont

que l'envers de leur ombre
et ils ne veulent pas être ce qu'ils sont
parfois ce que je fais ressemble au buisson
[d'Abraham
parfois l'écriture est un cri muet
la langue un vieux charbon
dites
    combien de morts aujourd'hui
l'électricité est infatigable
les mâchoires cassent
crac n'est pas couac mon ami
ils doivent craquer sans couaquer
soyez pratique celui qui lève
le doigt c'est pour parler donc
faites lever
        oh la paix
et qu'elle passe l'entendement
il arrive à la page de penser toute seule
et c'est écrit sur elle et moi
j'ai oublié
        la critique aime bien
qu'un livre soit le gué des dieux
et les accueillir seule
au mépris de l'auteur laissé sur l'autre rive
mais qui
        la tête ouverte à la ventée
de l'intuition terrible qui va
vers le finir avec sur les os
le beau regard sans illusion
puis il voit dans son dos
l'obscur troublé par la pointe d'une aile

le bras tombé à l'intérieur du geste
l'éloignement de soi en soi
il dit
        qu'ai-je donné
tout à coup son enfance est à côté de lui
comme un petit chien
et la vieille envie de pleurer à cause
des questions sans réponse
je t'aime
            mais l'amour n'est pas
l'amour comme une maison
est une maison
                    toujours
nous sommes trop près de la dernière
demeure et qui entre profit et perte
choisit perte car chaque mot
contient suffisamment de lettres pour
un nouveau monde
                        et ce serait
es-tu vivant oui ou non
vivant de la tête aux pieds
le rire coulant de ta bouche
plus jeune
              mais qu'est-ce qu'un homme
qui peut le dire
                    on connaît la viande humaine
on sait ce qu'est de l'homme
et comment la viande succède à la viande
économie élémentaire
un peu plus de terre sous la terre
la pourriture sans mentalité

de même
l'art du bourreau
il travaille l'homme
et l'homme est ce reste
que l'art ne réduit pas
à sa question
encore
fait le bourreau
encore un
qui pensait tout seul
j'ai mis sa tête à gauche
la vie est comme moi
elle coupe court
et il dit
la vie n'a pas besoin
de visages reconnaissables
pas même besoin de moi

contre-chant deux

qui
    annonce la nuit
avec la peur du noir
je vois ceci cela
dit-il
      mais qui
saurait voir
comme voit la nature
d'un œil indifférent
chacun a cette chair
qui ne repousse pas
à quoi bon les paupières
le corps est fini
il le sait et cherche
qui
    gueuloir serré
et pourrissoir
en tête
        lui donnera
de l'autre assez
pour défier le soi

le mort dit-il n'est pas
celui qu'on ne reverra pas
c'est ici même celui
qui ne sait pas
et du non-su
fait sa chance mortelle
le trop tard
dessale notre souffle
du mensonge de la durée
et toi qui meurs
tu renverses le mouvement
tu marches sur la mort
et tu vois de son haut
l'ici-delà
            et le soleil
savon de feu roulant
sur le vieux monde
ce qui vient
est l'air de ce qui est
le désir va plus loin
encore
        haleine ailant
en nous l'élan
pour que le vif
soit à la fois moins lent
et moins courant
                        mais qui
sentant tout ce sentir
ne sera pas tenté d'en faire
un faux dressant
en soi belle statue de soi

l'image
qu'est-ce que l'image
quand la vie
vient sur nous
et plus rien
que son pas
de passante
pressée
ce que je dis
est une larme
et la passante
ô blanchisseuse
travaille mes os
toi dis-je
mais qui es-tu
quand j'ai besoin
de toi
le souffle est plus
que le nom
il est sans visage
qui le reconnaît
l'un veut vivre
l'autre mourir
égal désir
tuer le temps
le sang le sens
même plaie les révèle
la langue lèche
puis recoud
chaque signe est
une cicatrice

fermée sur son dessous
mais qui
ouvrant les lèvres
ne tâte sur leur bord
son propre contenu
et tant pis
ainsi volent
les anges parce qu'ils
n'ont pas plus de peau
que nos paroles et le regard
pareillement se mêle
à l'autre regardé
où suis-je en toi
demandes-tu
et l'œil
recule
dans la tête
pour voir devant
le voir se retirer
mais le regard
est l'eau
où le monde
se noie
et
nous
avons
soif
dans la lumière

chant trois

qui
    jette bas la cause avec l'explication
on ne me fera plus le coup de l'origine
dit-il je suis de l'homme
deux pieds sur terre et une tête en l'air
entre les deux un corps
le corps est la forme de toute chair
entre le moi et moi
un visage de gamine cruelle
l'ange du jamais assez
et grâce à lui à elle
toujours du gravier dans la bouche
la vie est une cascade
le désir la remonte
tout acte proclame notre liberté
puis l'action se perd dans la multitude
et je ne sais plus qui est qui
les yeux fermés les yeux ouverts
les uns mangent la réalité et les autres
cherchent une clé perdue
                                        qui
rien et l'air dans la bouche
la vie à chaque instant moins vieille que moi

nul n'achèvera l'inachevé
l'inachèvement est la durée du monde
on peut rêver mais le rêve est imprévisible
certains font comme si tout revenait
que savons-nous du glissement
la terre est un mot les morts deviennent
un mot nous voudrions parler comme
des bêtes au lieu de tirer les draps
pour effacer les plis tu as dormi près de moi
les rides sont venues dans mon pays
j'ai prêté mon lit à une absente
voici la lumière descendante le miroir
d'air au fond de l'air
un jour l'étranger nous ressemble
il est temps de sortir de soi
la vie la mort sont ensemble dans le tapis
pour y tisser une figure
et maintenant j'attends celui
                                        qui
trouvant l'image trop lourde
dira le mot de la fin
ô liberté d'être un autre
d'être en soi le dernier venu
que d'angles alors derrière les yeux
pour sortir du piège de l'ordre des choses
et la pensée comme un couteau
et la lettre enfin sur la langue
dansant
        dansant
                mais qui
ainsi venu à langue déliée

n'a d'autre identité qu'un rendez-vous
avec soi-même et ses lèvres
s'approchent de l'énigme
qu'est-ce que le corps d'amour dis-tu
brisées brisées de quel passage
à la fois dedans et dehors
l'amour est extérieur à tout pouvoir
son corps n'est ni à toi ni à moi
il respire avec ce qui nous manque
il vit d'être toujours natif de son élan
même quand l'heure est vide comme
un quai désaffecté souviens-toi
tu devrais disais-tu écrire
le livre qu'écrirait celui que tu n'es pas
et j'avais peur de devenir l'ennemi
de moi-même alors tu pourrais lire
pour la première fois disais-tu
ce que l'autre ne saurait écrire sans toi
pourquoi tiens-tu tellement à ta vie
tu sais bien que tout est dit sauf la fin
mais comment mourir de cela
mourir pour que tout en effet soit dit
la mer n'a pas besoin de la pluie
la nature a-t-elle besoin de nous
qui est coupable est-ce la famine ou bien
l'appétit le monde se fait des idées
parce que les idées sont la nourriture
la plus avantageuse et tant pis
si chacun n'atteint pas en soi le même bord
d'où regarder l'infini
certains ne laissent pas pousser leurs yeux

ils ne savent pas que le four de la transmutation
est dans la tête chauffée par le regard
faut-il se connaître ou bien s'oublier
pour que la lumière soit faite
de l'air des choses et de l'air des pensées
les yeux sont une bouche
le silence leur fluante parole
chacun est l'un des tons de ce silence
car chacun ne peut être qu'en étant
ce qu'il est dans l'articulation
ainsi sommes-nous établis pour jamais
sur le passant et le passant a-t-il
sur nos lèvres le goût de la durée
le goût
            non pas venu du soi-disant besoin
de ce qui manque à une vie
mais de l'entier qu'est en soi-même la lumière
quand elle fait battre dans la tête
le sang clair du monde et pourtant
                                                qui
reste dans le mouvement de l'intime
soi n'est pas la demeure fixe de soi
seulement le lieu du retour
et l'on pourrait se demander si
la mort n'est pas le faux pas
qui fait rater le seuil mais le sujet
dis-tu le sujet est l'aile de l'ange
à l'instant où nous sourions de l'humain
car l'espèce est un élan parmi
le désir universel tout comme la pensée
ne se pense elle-même qu'en s'échappant

mais qui
            qui voit dans l'échappée
une course en avant et qu'elle contient
dans sa transparente substance
tout l'avenir du présent la vue
de ce qui est là maintenant tel
que le temps le laissera derrière lui
et dès lors le mortel passage
n'est plus que tempête roulant
pour qu'advienne l'après le temps
et qui
        cela voyant
qui ne sentirait sous son crâne un point
de vue ouvert sur tous les points du cercle
et le cercle courant de ce point-là vers chaque point
et l'innombrable surgissement des corps
en chaque point du corps
la chair est faite d'un peu plus que l'histoire
et c'est pourquoi chacun de nous
est un homme particulier
à la fois porteur de l'interminable
et incapable de le porter
car le particulier reproduit le rêve
de l'universel et par ce rêve est condamné
à mourir comme particulier
l'homme veut n'être que l'homme
il meurt de cette volonté
être lui-même est à ce prix
et le déchirement de la vieille illusion
nous sortons l'un après l'autre
vers les cailloux le pain blanc les images

et la route semée le courant d'air
sur les paupières la moitié d'un lit
et nous devant nous-même
qui
    mais le ciel n'est plus sur ta tête
la tête n'est plus sur le corps
la vieille peur est la seule fumée
elle monte comme un chemin
la clarté est tout à coup la folle
qui arrache la peau les yeux
s'effeuillent les choses sont dans un air
bouillant la terre se retire
le roc et le squelette sont lavés du passé
tu ne te baigneras plus dans les chevelures
où crépitaient les mots adieu dis-tu
le nouveau déluge est sec
il met la vie à l'envers et c'est
une ombre sur la première marche
qu'est-ce qu'un nom quand il ne reste plus
aucun visage
                tu regardes
cette chose sans toi qui est toi
de quoi parlions-nous dis-tu
ta main même est muette
est-ce moi que vous avez tué
il n'y a plus moyen de faire la différence
peut-être suis-je quelqu'un
qui n'est plus là
                    mais qui
peut ouvrir son propre corps pour lire
les présages de son identité

il est temps que chacun se souvienne
d'une autre histoire que la sienne
la mémoire s'en va comme le sang
à quoi bon ce que l'on a su
quelqu'un toujours voudrait venir
sous notre peau il lui suffirait
d'être la forme de l'air tout le temps
qu'il demeure dans notre corps
pourquoi n'y a-t-il plus de miracles
ils étaient le retour d'un souffle
dans la bouche capable
de le reconnaître mais les mots
sont trop forts quand ils vont
seuls on les attache l'un à l'autre
comme la respiration attache l'air qui vient
à celui qui va misère
misère où est la bouche libre
et ce trou dans la terre
                                        qui parlait
au cœur ainsi que monte
la sève ou bien le regard
dans les yeux ne m'oublie pas
criais-tu et je n'entendais qu'un pas
d'oiseau et il froissait l'air devant
mes lèvres
                        qu'est-ce qui change
sinon la qualité quand l'énergie
détruit une différence pour en créer une autre
chaque jour est une différence
où le changeant est moins que le divers
le temps n'est jamais dans la ligne

droite il explose et moi
comment pourrais-je dire *aujourd'hui*
sans être à bout de souffle
car la fin et le commencement se tiennent
entre les dents qui tiennent ce mot
d'autres ont cherché le chiffre pour rabattre
le devenir sur lui-même tenir la vie
j'ai seulement rêvé de voir cette chose
aérienne un mot qui s'envole
de ta langue et je verrais enfin
ce qui sous nos yeux échappe à nos yeux
et tu parlerais
                    tu parlerais pour que je voie
et nous aurions existé pour cela
dessous la lente migration de l'air
dans l'air
              mais dis-moi qui
et tout le dehors est une page blanche
où nous allons parmi les puits taris
sur le plafond de la nuit marchent
les morts parle-moi parle
que je croie encore à ces choses
dont nous avons meublé la vie syllabe
après syllabe l'ombre ne prend pas
sous les mots car ils sont le fil
qui raccommode la blessure
mais tu t'en vas les bras chargés
de ma poussière et je ne sais plus si
le regard est fait par le silence
ou la lumière
                    dis-moi qui

me dira ce qu'il faut faire
de toute cette vie réduite à une fois
et le temps aura la douceur d'un vieux linge
malgré la gâchette et le dernier baiser
puis il ne sera plus jamais trop tard
qu'attendions-nous un nuage est passé
le temps futur est devenu le présent
tu as dit ma conscience n'a pas bougé
et j'ai vu ton visage être cette pierre
dont j'aurais voulu faire ma maison
où mettrons-nous la porte disais-tu
quand chaque instant nous change
en ce que toi et moi ne sommes plus
et je pensais la vie est vaine
pour que le rien devienne créateur
et l'heure suspendue mais la langue
penchait comme une terre basse
après le recul du sens

qui

toujours la même affaire cependant
le neuf part encore de la fin
l'histoire coupe à travers maintenant
comme l'étrave fend la mer
les mouvements de l'une et l'autre
ne sont qu'un dans l'ignorance réciproque
et la contradiction nous sommes nés
des morts comment dire autrement
cette chose simple et qui appelle
car l'histoire n'est pas dans la continuité
elle est une explosion d'instants
que le pouvoir ramasse après

pour les ranger en ordre convenable
ainsi naît l'irréversible le jour
baisse entre les dates les épitaphes
les signatures derrière la main
pousse l'héritage et le temps n'en revient pas
parce qu'il regarde le calendrier
comme on regarde une photographie qui
n'est pas la sienne
miroir miroir
nul ne sait fouiller dans la chair
pas plus que dans l'image où chacun
se connaît à l'envers mais tu rêves
d'ouvrir le chantier de l'origine
les mots s'enroulent aux nerfs
ils les gainent d'un rien qui est
aussi la doublure de tes yeux
comment savoir de quelle étoffe
est le savoir quand l'intouchable
est le savoir lui-même et pourtant
quel plaisir dans la tête à s'habiller
de cela
qui mais qui pourrait
comme l'amour retire sa robe
qui pourrait découvrir l'en-dessous
tu es au monde et tu es en toi
disais-tu touchant mon cœur
et je ne comprenais pas tes mots
mais cela seulement qui mettait en moi
leur bouquet d'air
puis la peau repousse et tu es loin
derrière tes dents ou les miennes

l'un compte ses pas l'autre voit ses os
au bord d'une chose immense et floue
la vie qui revient dans la bouche
est une vie changée par le sens
je regarde par-dessus mon épaule
et ne me vois pas venir
                                        mais qui disait
retourne-toi afin que l'avenir change
de place on a planté des morts
à tous les points de l'horizon
chaque direction reste immobile
le temps a les mêmes lèvres que la mer
sauf pour qui s'en va dans son propre regard
et devient l'eau de la lumière
mais les dimensions le ramènent
vers la pierre illisible
                                        et NON
comme le pied du nageur dit non
quand il touche le fond
rien n'aura suffi puisque tu ne suffis pas
à ce que tu es un jour la trace
est perdue et ton souffle passe mes lèvres
quel vivant reconnaît en lui-même
ce qui est plus vieux que lui
et pourtant j'écris avec cela
mon visage est un souvenir
dont personne n'a gardé la mémoire
l'oubli roule des cargaisons de mots
chaque corps est une rive
où font signe la langue
et les gestes du naufrageur

merci

à *Contre toute attente* pour avoir publié le chant un dans son n° 7 ;

aux *Cahiers Collectifs* pour avoir publié contre-chant un et contre-chant deux dans leur n° 8 ;

à *Chemin de ronde* pour avoir publié chant deux dans son n° 3 ;

à *Action poétique* pour avoir publié chant trois dans son n° 89-90 ;

à *la Barbacane* pour avoir publié dans son n° 27/30 le fragment autour duquel s'est construit le chant trois.

L'ÉTÉ LANGUE MORTE

...

Et je pose en hésitant mon pied
sur la corde vibrante
de la mort déjà commencée

Mais c'est ainsi qu'est l'amour

NELLY SACHS

chant un

le monde n'est pas fini
et quand le vent se lève
notre visage est différent
l'amour défait l'amour
pour devenir plus que lui-même
qui va mourir
sait que la beauté est inexorable
je regarde ton souffle
tu t'évapores
l'obscur du temps est un ongle
derrière l'œil
il faudrait tenir sa langue
jusqu'au commencement du monde
la lumière est terrible
la mer ressasse
tu cherches un point parmi le jour
le présent est sans but
sans contour
et le sommet des pierres
ne connaît pas leur ombre
ce qui m'arrête

n'est que moi
ma tête trop nombreuse
un sens
un doute
il ne suffit pas de voir
le regard a fait tomber de moi
tout le visible
la langue lance vainement un pont
pour réparer
chaque syllabe est l'écho
travesti d'un adieu
pétale d'air
qui es-tu
je manque de toi dans ton nom
ah devenir l'ancien de soi-même
c'est parler
le souffle fait dans l'espace
moins qu'un reflet dans l'eau
ce soir
la musique est une île sur l'île
et sa rive
un anneau d'yeux
posé
tout centre est vide
mais le rien où s'effacent les pas
mange notre plomb
l'os s'aère
et voici l'Autre
le délégué du désir
qui danse
son pas écrit sans trace

un instant
une mesure
où le perdu apporte ce qui vient
le temps se couche sous le temps
tout à coup
le vide de l'anneau
devient le vide de l'ouvert
le O
d'un cri qui nous renverse
en l'air
                                        l'art
n'est pas efficace
le désir non plus
laissons l'efficacité à la roue
et dites-moi où
est son commencement
les chemins ne font pas signe
ils sont les chemins
simplement
la langue s'en va sous les pierres
être là suffit
                    pourtant
qui connaît l'instant
nous fuyons la pensée dans la pensée
souviens-toi
elle était ce tas de cheveux
sans bouche
ton ombre seule la couvrait
il n'y a pas de sujet
pas de profondeur
seulement de l'oubli

où l'on pêche
et quelquefois c'est trop beau
ici et là-bas jouent ensemble
le ciel cache la même chose
que la mer
toute forme dit NON au vide
mais
l'entre-deux fais-tu
eh qu'y puis-je
si l'air n'est pas aussi bleu sur tes lèvres
qu'au loin
nous cherchons partout le nulle part
d'une autre terre
le périssable
est dans nos yeux
la lumière coule vers le dehors
c'est la sueur des choses
écoute
je n'ai rien sur la langue
mais je dis
être ici est beaucoup
et pour la première fois
nous entendons le froissement de l'air
sous l'aile de l'oiseau
une hirondelle
l'unique est sans limite
je ne range pas dans ma tête
le une fois
cette fois-là s'égare dans l'avoir été
et une fois reste une fois
comme le vent sur la main

écoute
rien n'imagine d'être
sauf nous
et cela fait de nous la bête
d'un labyrinthe d'air
où chacun ne guette que lui-même
entre le dit qui meurt et le non dit
qui va mourir
la bouche est l'appelant
de l'exprimable
la mort
s'essouffle
et la vie
danse
haut
puis rien
virgule sexuelle
trop plein de mots
on a cru au pouvoir de la parole
et la terre a bouilli
où est le chez nous
si ma langue efface toutes les portes
les mots miment un secret
qu'ils éventent
j'écris par amour des yeux
qui sont mon contenu
visage visage
il n'y a pas assez de lampes
et trop de livres
mais
la mer est là

immobile
et dans cette immobilité
le langage reconnaît sa promesse
regarde
l'immobilité appelle le vent
l'état de détresse est lié
à la goutte mouvante
ainsi va le mot
dans l'illusion qui se défait
rien ne sera tenu
l'idée même s'abîme
dans l'idée
quelle histoire
entre toi et le monde
quel mot à mot
contre nature
les yeux de mon amie sont dans la terre
celle qui me disait Chante
maintenant
j'écris
chaque ligne mange
ce que la terre a déjà mangé
misère

misère

voici venir le mensonge
à qui s'adresser
à quoi

un soir

au même instant nous fûmes
moi sur toi
et la pluie sur le toit

oui
    personne ne parle à personne
mais nos langues parfois
sont celles de deux bêtes
qui jouent et s'entendent
                                                  oui
qu'est-ce qui est possible
le désir
l'usure du désir par le désir
et pourtant
tu fais partie de moi
comme le souffle fait partie
de la bouche qu'il abandonne
je voudrais
                  comment vivre
je voudrais
je voudrais dévisager en moi
ce qui a besoin de vouloir
et là-dessus mes lèvres chercheraient
la fente
            et tu dirais
fais ton visage
                        et il y aurait
ici même
le face à face
de moi et de mon oubli
mais quoi
qu'est-ce qui est en jeu
écrire
poser ici
un mot-trou

poser ma bouche
et que ce O
soit l'ouvert
d'une belle folie
maintenant
                    maintenant
maintenant

chant deux

la bouche devient sauvage
elle insulte la tête
qui l'enferme
étroite étroite et cependant
ouverte
l'espace renverse en elle
sa buée
il ramollit mes dents
il noue mon chemin à la pierre debout
celle qui donnera mon nom au vent
mais la mort au moins
est sans lendemain
quelque chose cherche
mes lèvres
un poème
un état
littéral
puis
        la pauvre peau
un choc
au détour d'une route
de papier blanc
le monde n'est pas

la référence
mais le sol d'où monte la poussée
ô si vrai
ce qui jamais ne sera vrai
l'écriture n'exprime pas
elle rompt
et voici le trou du devenir
une chute dans la fumée
puis
        tu es nue
sur le lit de pierres
mes yeux crus
à travers tes poils
le soleil
notre réalité
et celle du réel
s'unissent dans l'air
puis
        le tu change
et le je aussi
notre histoire
s'enroule sur nous-mêmes
et toi et moi
ne sommes plus
le pain du temps
toute rencontre est l'énigme
une série d'accidents
la somme n'explique rien
c'est pour moi que tu es venue
pour moi seul
et

l'amour dis-tu
est le penser ancien
quand tout geste
était de la pensée
et chaque geste
entrait dans les choses
toucher l'autre
c'était le penser
puis
        ton sourire
dans mes yeux
pense ton visage
et ce pensant je pose
ici
le masque invisible
de ce que je vois
ne le voyant plus
entre tes lèvres
ma langue lèche la ligne
puis
        quand je serai mort
et nous avons fêté ça
d'avance
comme si mon âge
liait nos ventres
la forme vient de l'oubli
un peu de terre et de salive
le poème est révolte
contre la distance qu'il crée
un catalogue dis-tu
montrant tes seins

ta clavicule
ta bouche
mon nez
et mes larmes dans
ta salière gauche
puis
        tu je
et je tu
et non non non
ce jour n'est pas un jour de plus
quoi le sang
la tête le cœur
l'amour est kilos
de chair
centimètres carrés
un gain de vif sous l'ongle
pieds confondus
donne-moi encore dis-tu
et la bouche ouverte
tu manges l'air sur mes lèvres
et
   c'est toi
me dis-je toi
et contre toi je suis
l'autre
que tu fais de moi
puis
        sur nos vertèbres
l'instant s'accroît
dressant le long de notre dos
la crête du vieux dragon

gardien du toucher long
couleurs
            couleurs
la nuque chante
le visage s'enfonce
dans l'œil
et
  autour de la pierre
où nous fait l'un
le soleil trace un C
auquel l'éclat de
nos montres posées
ajoute une cédille
le petit trou noir de tes yeux
n'est pas une lettre O
je ne le comblerai pas
et mon image déjà
cherche là quel échO
jamais n'en reviendra
O toi
        disais-tu quand
tu n'étais pas encore toi
si notre savoir est su
par d'autres têtes
reverse donc ta tête
sur la terre et prends-moi
car tu me vois
au lieu que de l'obscur
en toi ne peut venir
que catastrophe
                toi O

qui maintenant es toi
ta bouche est une bouche
et derrière tes dents je touche
sans aucun doute
une langue
                la vérité O
qui ne voudrait tomber
dedans mais je garderai
seulement tes yeux
de nudité dans mes yeux
et ce frisson du comment
dire
      je ne sais plus les mots
ils sont là-bas
comme nos montres
genoux genoux ta main posée
et en avant
                le ciel
on voudrait croire encore
qu'il peut tomber
mais nos têtes sont devenues
solides et tu vois
je touche la terre
avec plus de crainte
que je ne lève les yeux
car
    c'est bien connu
la terre est la poudre des morts
la nourrissante poudre
sans laquelle O paradoxe
la vie ne saurait exister

et l'homme
avec ses pieds sur terre
est contraint par l'usage et l'utile
de s'éloigner des signes
il y a des prés pour l'herbe
des bois pour les arbres
des cimetières pour les morts
puis
l'amour quitte la tête
et la tête se fait une raison
qui se souvient de la source
et des petites choses
mais nous
sur notre pierre
et parallèles à l'en-dessous
nous sentons nos os
et autour d'eux cette émotion
qui est la terre des dieux
l'invisible terre
où fume
la présence
ils sont morts
eux aussi et maintenant
la pensée se lève et garde
en son lever
l'imminence
nos yeux aiment l'abîme
qui la porte c'est le nouveau
ciel avec un vide
autour duquel la tête
s'agrandit on le voit

dans le petit trou noir
puis
au jour le jour
les choses deviennent nos
principales idées je me couche
dans le sens du vent
pour que ton odeur m'arrive
avant toi et que
tu me pénètres
comme dans mon enfance
faisait dieu
(dis-moi
connais-tu cet air de triangle
et l'œil au milieu
restait ouvert toute la semaine
dans le noir)
qu'est-ce
qui est en jeu les mots
sont une ligne qui fait
des boucles
on n'aperçoit rien d'autre
quand on les regarde
aucune matière
et tu vois
ton présent et mon présent
ont la même vue
bien que l'air ne soit pas un miroir
alors ma langue dans ta bouche
nous disons
TOI
car toi est le nom sans néant

chant trois

beauté beauté
une fenêtre en l'air
j'apporte mon corps
voudrais du elle en il
du moi pas plus moi que toi
j'ai vécu dis-tu
mais vivre ne prouve rien
vivre est la banalité
un tesson tombé au pied du mur
et l'œil noyé d'obscur
l'amour est le courant dis-je
sous la pensée il faut
en finir avec l'histoire
et revenir dans notre dos
ou bien
          lèpre aux lèvres
croa croa le ciel des morts
carie courant contre carrure
contre toi
          ou bien
crier *n'est-ce que cela* ?

le sol s'en va
le visage est au milieu troué
d'une bouche à l'envers
ça mange moi
dents d'ombre dents qui
vieillissent chair vivante
partout du temps et voilà
l'homme avale ses propres entrailles
puis vidé voit
                    il voit l'air
dans le trou l'air du troué
la substance fenêtre
la beauté est une coquille
on lui prête sa poitrine
le creux appelle
                    eh l'ami
qu'est-ce que le périssable
rien ne sert de rimer
minable et désirable
trop de larmes pour une syntaxe
fragile et quelle douleur
et quel dégoût de ce moi douloureux
le monde ne connaît que son ici
la lourdeur de sa durée
pas de là-bas sans l'ouvert
du désir
            et le désir
aère le monde d'une profondeur
qui a la dimension de ma
réalité
        dans le renouveau de ton corps

déjà je suis posthume
quel effacement en beauté
chaque mort fait un peu plus de terre
ô dialectique et boum
l'infini sur toutes les crêtes
et nulle part touché
                                        ce que nous voyons
n'a nul besoin d'explication
mais voyons-nous je sais que
savoir me ferait un ici
de bonne terre où pourrir
debout jusqu'aux yeux
raison raison et patatras
comment vérifier le regard
tout doute présuppose une certitude
ouvrez mon crâne pour voir si
j'ai ce qu'il faut en-dessous
un corps humain est cru
complet d'avance et tant pis
s'il m'arrive de découper
mon ombre pour faire un double
ou m'envoyer en l'air
la tête penche et s'enténèbre
la lune est une dent crachée
l'heure vient
                              tu dis
le monde est à refaire
et tu ris je ris je ris et c'est
tout à coup trop limpide
le monde coule en toi
comme en bouteille monte l'eau

ta forme prend
                    ô femme
dirais-je si apostrophe
les hommes ne sont pas même
égaux par les pieds et moi
je veux seulement renoncer
à la dernière égalité
je veux renoncer à mourir
si tu m'aimes
                    ne confonds
le monde et la terre
pas plus qu'inonde avec tarit
on ne peut pas creuser le monde
car il est rond comme une idée
mais qu'est-ce que la terre
alors que la terre m'enterre
le mot terre est un désir
et tout désir est à soi-même
la matière de son carême
le réel est un théorème
toujours qui reste à démontrer
et c'est crime de lèse synthèse
que d'en tirer quelque malaise
ou bien
            la terre n'est qu'un mot
au bord duquel les morts
restent en l'air
                    ou bien
quel sédiment fera de ma langue
un terrain
            et je m'avancerai

vers le centre de nous et
le centre fuira mon avancée
et la beauté se lèvera
belle de tout l'intervalle
encore encore encore
l'avenir ne diminue pas
tais-toi
            dis-tu
                        et ose
dire le regard des étoiles
tu voudrais avoir autant de bouches
pour multiplier la chance
et deux fois plus de lèvres
le souffle est la dernière chose
il raconte à jamais le présent
il est le bruissement de la phrase
muette que tous mes mots
jour après jour ont cru
traduire et je répète
vivre ne prouve rien
la vie est ce qui dépasse
les mourants le savent bien
et moi aussi qui ai voulu
contenir la mort en mon vécu
pour t'aimer aussi
avec mon après
                            mais mais
vivre est empirique
système de tics
plate mosaïque
de menue monnaie

mais
        dis-tu
                et le large
nous marchons parfois de tête
entre ici et là-bas
seule la densité nous porte
ou bien l'obscur levant du un
ou bien l'élan du face à face
pourvu
        dis-je
pourvu que le bonheur existe
et je dis TOI pour désigner en toi
le toi dont tu ne sais rien
l'amour fait de chacun
le revenant de l'autre
au milieu de tout l'en aller
au milieu du continuel départ
et c'est ainsi que retourne vers nous
le périssable
                alors le vivant
est irrévocable et nous entrons
dans le mortel pour exister
il n'y aura pas de défaite
rien qu'un chemin de terre
et l'été
        l'été l'été
où le une fois de chaque chose
invente en nous un dieu
dont nous manquons aussitôt
une poignée de buée
le vécu n'est pas plus un message

qu'une preuve
ou un avoir
nous tendons la main
et la chaleur fait tout là-bas
un tremblement
qui caresse la peau des yeux

LA MOITIÉ DU GESTE

… il faut envisager l'univers organique sous l'angle de la complémentarité ; ainsi, l'érection même est la moitié du geste…

Dr GEORGES ROY

I

érigé

il fixe le présent
le voici debout
comme la première fois

sa bouche rentre
sous la ceinture
l'œil perce en haut

il cherche une tête
sans figure
il veut tout

la peau sur le cœur
un habit de terre
le blanc de l'air

et l'histoire est un ongle
qui pousse de travers
au doigt du sens

sur le lit de l'obscur
le corps aime le tu
il s'enlangue

l'ombre fait des plis
autant de lèvres
pour l'absence

une odeur
le sel du désir
la fente appliquée

ô mon amour
quel vieux bois soudain
entre les dents

le couvercle des mots
et l'arrachée
de l'en-dessous

déterre-moi
dit à l'œil
le reflet

mais l'œil ne voit
en face
ni le baiser désert

ni la mort de l'obscur
gelé
dans le volume faux

qui se tutoie
en l'air
sa langue y perd

car le tu
est sous la peau
la profondeur

faite de mots
faite de morts
la chair du noir

elle s'érige
elle est la chose nue
la pousse d'ombre

parmi la mousse
parmi les jambes
la cheville du temps

elle dresse le mou
elle est la trace crue
la dent du bas

faite du mourrai
faite d'abîme renversé
la pointe du je-suis-debout

une larme de vie
l'origine coulant
comme du lait

de l'autre à nous
un seul cordon
l'attente

toute érection
fait au ciel
une portée de songes

que le seul soit seul
le sang qui bat en lui
est plus épais que l'ombre

dans la crypte
où va l'œil
la nuit est vierge

l'air se couche
et sur le sol
la nuit du temps remue

ou bien la marée verticale
lève un fond de mémoire
une buée de langue

on voit des membres
et quelque image chue
dans son propre reflet

la beauté
un sexe sous les eaux
une barbe de pierre

deux jambes plus serrées
que les paupières
de la mort

au pays des portes
et des bouches
au pays des plis

que d'haleine
que de soie
pour la chose tendue

et tige elle fleurit
de sa seule épaisseur
ô pour ta blessure

et toute sa longueur
est un miroir
où s'ourle l'attendue

et le fond
qui touché ne sera
qu'à contre-ciel

divin fut le triangle
et maintenant
broché de poils

une longue histoire
elle cherche ici
l'humain passage

un cri
puis l'azur d'être
sur la terre

celle qui porte le signe
marche nue
la surface la regarde

et là-haut
rien
un trou complice

l'obscur travail
touche la tendre peau
le dos noircit

nulle face
le tu se cambre
un mur d'amour

et l'appareil prend son pied
par derrière
le lutrin des épaules

porte pliés
tous les regards
qu'on n'échangera pas

dis-moi dis-tu
mais l'intimité
est comme la sirène

chaque miroir
est le tombeau du ciel
ô nuages

tant de croupes
inutiles au désir
que le sexe est rompu

dedans sa propre image
où va la chair
qui s'imagine

un dieu mourait
de n'être que cela
et le reflet

bâtit de tout
le rien
secret

tout vient du sombre
la fertilité est la mort
cherchant un autre jour

les lignes tendent
sur la page
des ressorts de nuit

toute leur mécanique
dresse le doigt obscur
qui fait l'amour aux yeux

que savons-nous des signes
et de leur buée blanche
ce qui fait voir

n'est pas plus visible
que le derrière
de l'œil

la gencive ou la dent
la vie ou son image
la langue entre les deux

l'air durcit
c'est la pierre à voir
qu'on pose devant soi

nul ne saisit l'éclat
la trace est le contraire
une chose qui n'éclaire pas

on la regarde
sur la page de verre
le soleil blettit

l'oubli est comme l'air
la mémoire comme l'ombre
d'un arbre absent

le blanc a brûlé
l'amour fait le fusil
et la lueur

tout est couvert
même la douleur
un sommeil de soie

noire
et sur l'endroit pauvre
s'efface le nom

la lèvre est au souffle
ce que la main
dit à la peau

faut-il gémir
quand cela même qui passe
caresse

près de la pierre écrite
le bâton s'aveugle
il n'y a pas de sens

quelques fils au vent
la torsion du regret
un œil qui crée

le pays s'est dissous
trop d'air fait peur
les corps s'évanouissent

on a fermé la tombe
des bouches
et serré les dents

il fait si beau
quand le temps
est le silence

une pierre plate
la machine des larmes
l'ombre des chevelures

on a trop compté
trop tricoté les heures
la basse lumière

le monde est dans les yeux
comme le sexe
dans le ventre

le regard accouche
de lui-même
il voit

à perte de vue
l'aile
et le présent qu'elle est

l'haleine des dieux
fait des montagnes d'air
la terre est nue

dessous
comme un couteau
ou le pli adultère

le travail de l'amour
tache les hauteurs blanches
et le masque des hanches

couvre le ciel
l'envie de trahir la mort
est le visage

ô le signe
du plus bas dressé
pour crier non

les poils de la peur
font une fourrure
à l'habit de planche

la pensée a sa sueur
elle est salie
par les suçons des morts

alors se retournant
elle rature
puis sécrète la figure

qui ne doit rien
et je regarde l'avenir
avec des dents tranquilles

la nuit tombe de la page
le désir
en fait son drap

un vieux soleil
l'os du savoir plié
la gorge trop pentue

et maintenant
si l'on faisait l'enfant
sur l'herbe noire

la main touche là-bas
la terre passe
l'ombre s'efface

pour prendre l'air
chaque vie attend un départ
l'amour du temps

l'arbre ne compte pas ses feuilles
l'oubli les fait pousser
une autre fois

le corps est sombre
il a posé le ciel
sur un bâton

la hampe sexuelle
fait flotter le jour
dans le jour

l'écorce et la salive
gardent la langue
une idée saillit

il n'y a pas d'état pur
l'huile des morts
grésille sous le plâtre

quand tombe le masque
c'est l'avenir
tétant l'obscur

sous le ciel dis-tu
et autour de ma langue
ta bouche vide

le ventre monte
il ne sait que vouloir
puis oublier

comment comment
le souffle aux dents
le nom déroulé

ce qui ne laisse pas de trace
sur le miroir
c'est mon visage

dans tes yeux
déjà
la même glace

les choses font signe
les signes ne font que
de l'air

la tête a pour secret
d'être ronde
ce qui est fermé

contient l'invisible
on y pense
et quelle dérobée

l'idée qui passe
ne fait pas d'ombre
elle est l'oiseau

d'un ciel d'encre
il coule dans nos yeux
il écrit le monde

n'importe quoi fait page
sous la lettre
sa venue même

et le désir
l'unique n'a pas de sens
il tord le cou au comme

la nuit devient d'ardoise
l'étoile rentre dans la pierre
tu ne sais plus rien

jusqu'au lever de l'initiale
alors la lettre meurt
l'impatience est une aile

trop courte
pour échapper à l'ombre
de la mort

la nuit se perd en elle-même
comme un regard bouclé
sous la paupière

le temps fait un panache
sur la bouche qui souffle
que penser encore

mourir n'est pas la mort
quelque chose tâtonne dans le corps
je ne veille pas dis-tu

dans les veines du bois
une image perchée
un souvenir fuyant

tu cherches la lenteur
le trajet d'un astre
qui se lève d'en bas

en chaque mot
un nom perdu
l'autre s'éloigne

ô buée
pour être là
il faut faire du temps

ce qui en moi dit non
me chasse du présent
voici la vide lumière

ne cède pas à l'ange
le destin n'est ni clair ni sombre
il est le lieu mobile

où le dedans et le dehors
se croisent
en forme de je

celui qui peut dire
j'ai en moi ce que tu es
quel est son visage

l'œil règne
chaque regard est un royaume
qu'on ne partage pas

le temps ouvre la succession
le souverain devient mortel
qui es-tu en moi

l'absolu est une perruque
comme la vérité
toute pensée est chauve

tant que ne tourne pas
la terre
dans la tête

le dieu premier né
le vent le berce
c'est un œuf

et du germe sort la bouche
un cri matinal
en passant les lèvres

l'air devient le temps
alors les mots éclosent
pour retenir le passant

la langue oublie l'œuf
elle est bien plus ronde
et sur la porte ouverte

du visage
une obscure fraîcheur
invente l'autre vent

l'élan est notre mesure
ou le désir
la vie se ferme autour

comme une coquille
ce qui nous pousse en avant
est notre seule limite

une boule n'a ni haut ni bas
sa surface est sa fin
la chose en elle

qui porte cette peau
est invisible
mais que voir

la vie est aveugle
nos yeux projettent
notre tête

le présent est l'origine
il est comme l'œil
qui voit et ne se voit pas

le présent est ma demeure
mais qui l'habite
toujours un volet bat

il fait le clair et l'obscur
la figure change
l'amour ne change pas

quand tu dis *maintenant*
je vois l'abîme
et l'aile qui n'en revient pas

il n'y aura pas de trace
le désir comble
cet instant

mais qu'est l'amour
un œil ouvert trop tôt
trop tard

toujours quelque reflet
le commencement perdu
l'air tremble d'être l'air

battre est le trajet du cœur
ô court chemin
la vie tient à la répétition

amour est le nom du sens
pour qui croit aller
pour qui ne va nulle part

regarde-moi
je perdrai mon visage
je serai ton amour

la mémoire n'a pour organe
qu'une pierre debout
le souvenir tourne comme l'ombre

le cercle reste fixe
la terre porte moins que l'eau
d'un côté la ruine

de l'autre la dérive
mais vient la nuit
errante et affamée

elle dresse des pierres
qui sont le *Il* du rêve
ou bien le signe de l'attente

dans la tête endormie
le sommeil est aussi
le silence éveillé

parfois rien n'est là
sauf là justement
l'infini est la fin de tout

chacun va dans son œil
pour voir la mort mourir
le jour n'a pas de nom

quand il est le jour
la réalité est un saut
hors du regard

les mots appellent une limite
qui les rende à l'originel
mais j'entends

derrière eux
plus forte que leur sens
la voix blanche de personne

tout jaillit au présent
ce qui advient
ce qui toujours s'en va

l'œil tremble
il est le seul maintien
de l'habité

mais les choses aussi bien
sont l'étonnement de les voir
et de n'être plus rien

la substance réelle
destitue l'humain soufflé de temps
une pierre vaut mieux

alors tout s'efface
il faut choisir les traits
de son visage

viens dis-tu
et le vif rassemble
l'après avec l'avant

comme s'il avait tout le temps
et il l'a
car le monde ne vient pas

au temps mais le temps
au monde
en chacun de nous commençant

un perpétuel venir
qui fait qu'en nous
le présent

est à chaque instant
le commencement
du temps

II

dispersé

le parfois
les petites pattes du présent
l'abîme sur les talons

la chose de la chance
fait du front
ô grands yeux

un passant parmi les livres
et les douceurs
la beauté désastreuse

comment écrire : c'est ça
voici le mot vent
il ne souffle rien

que souffle le vent
la main touche l'air
et s'envole

ce que l'on dit
puis le soleil
une image dans la voix

quelqu'un bouge
il n'est pas d'aujourd'hui
il entre dans l'aiguille

que vouloir
les dieux ne durent pas
ni le toucher

on empile des mots
pour le passant
verra-t-il le chemin

tous les morts se ressemblent
l'oubli les rend égaux
la terre aussi

visage visage
la bouche dans les cheveux
la nuit de l'âge

aucune phrase
n'a fait jouir mes lèvres
de l'air en l'air

voici ma plaie
sèche comme un livre
ô le secret

qui respire consent
la vie est un marché
monnaie de buée

et sur la langue
le mot
qui aurait pu

le temps tousse
est-ce que maintenant
est bien ici

le présent est comme l'écho
on écoute et puis
ai-je dit cela

nous sommes une histoire de plus
quelqu'un la raconte
les autres l'oublient

le commerce d'affirmation
est fermé
d'ailleurs on a perdu la tête

nous sommes le matin
la mort fabrique
du soir

la peau des choses
est dans nos yeux
voir écorche

la vieille langue
reste sous l'ongle
la jeune noircit la paupière

ma bouche est pavée
d'avant-moi
trente-deux dents

deux mâchoires
une gorge
et l'addition

nous sommes en plus
de la forme
comme du nom

ce qui vient
nous rive à
ce qui va

tout est passage
l'à pic
et la vague roulée

et le regard
qui ramène la ronde
terre en tête

en son debout
de rude race
est le corps

qui va au temps
parmi les morts
dont il descend

quelque chose
à peine quelque chose
du presque blanc

l'œil cherche l'œil
en lui-même
précairement

et désarmé
je suis
attendant

rien ne vient
à la vue
et le visible

est ce retrait
qui fait l'air
plus profond

un visage à la nuque
et tu vois ce qui est
moins rare qu'un ange

ce ciel
ces larmes
ô la défaite douce

la joie de vivre
est dans l'air
qui touche les yeux

nulle rétine
pour garder cela
le passant

est la trace d'une aile
toujours le vide vent
la vite vie

entre je suis
et je fus
quelle paupière bat

c'est midi
c'est le soir
et l'écarté

ferme sa fente
pour y voir
mais pas d'orbite

rien que le vague temps
qui s'effondre
puis remonte

la nuit se lève
et les lèvres
sur les dents nues

par la main
je tire mon ombre
qui la connaît

le nom en moi
est une ombre
que je ne connais

ainsi vont
sur les deux versants
l'ombre et l'ombre

on marcherait sur l'une
et l'autre
m'a fait marcher

mort sous l'une
ô la nue
je cracherai l'autre

vient la vieille douleur
le nerf pincé par l'ange
et les cheveux défaits

je casse l'échelle
je monte sur mon cadavre
voici vue sur l'ouvert

les blocs d'air
c'est le temps du présent
mon royaume pour un baiser

sous mon doigt
ta longue boutonnière
et par derrière nous

le jour s'allonge
qui nous croit
un

III

compté

la plaie est dans la tête
le visage la masque
un peu de peau pliée

dans l'entrelacs du ventre
un désir de duvet
la chair veut se refaire

sous le frémir du cru
on cherche des figures
et l'aisselle du centre

parois parois partout
planches d'air qu'on voudrait
par quelque obésité

mentale soulever
l'espace est une caisse
la peau un double-fond

l'aigreur de l'obscur
fait cailler le noir
ainsi naît la langue

bouture de nuit
plantée dans la bouche
une tige d'ombre

elle tourne à l'air
qui revient d'en bas
c'est son bruissement

mais l'air baratté
s'aigrit à son tour
ah le ténébreux

et malgré les dents
coule ce vinaigre
la mère des mots

la voix bâtit de l'air
un tissu de coups d'aile
tissant les choses dites

la bouche a devant elle
un vide si profond
l'infini sur les lèvres

et je cherche l'inverse
peau et sang veine et glande
un contre-ciel de viande

le cerveau fait l'amour
à la réalité
cette viande est leur lit

mais la grandeur du monde
a créé notre tête
par désir d'un miroir

LA RUMEUR DE L'AIR

Qui sait
si les choses
ne savent pas en elles-mêmes
que notre nom
est un autre.

INGER CHRISTENSEN
Lettre en avril

Bouches

bouches
vous versez l'eau
sans origine

lavées d'elles-mêmes
les choses trouvent un nom

ainsi coule l'ombre
à travers nous
l'ombre claire

tout s'éloigne
dans le savoir

tout s'approche
dans l'oubli

nos lèvres s'empoussièrent d'exil

la photo d'un génie

voici le passant
le chaud du jour sur le mur
le soleil dans la vitre des lunettes
la barbe blanche
le trou dans la joue droite

a vécu et a travaillé là

les mortels ont les doigts bavards
leurs secrets tombent dans l'œil
les morts serrent les paupières
ils jouissent de ce qu'ils ne savent plus

et le cœur attaché aux petites choses
comme l'enfant à ses jouets
une vie
qu'est-ce qu'une vie

le là-bas
l'image

les morts vont sous leur nom
tête mange autant que terre
et sol d'air
et matière à vue

les morts ont toute la mort
nous une vie

faut-il vieillir

la santé est obscure
mourons à la tâche disait-il
car il n'y a pas d'autre certitude

le temps tète à notre bouche
ô nerfs ficelles blanches
où le regard est notre père
maintenant les lèvres

comme bandelettes tenant
le haut sur
le bas

en moi j'ai cherché de l'autre
dit-il
pour mourir en liberté

le jour passe la montagne
les feuilles remuent encore une fois
la bouche dans la barbe

poils dessus poils dessous
aucune dent

et le col
dans le triangle du gilet
écarte son propre
triangle où
tient le nœud

les dieux aussi
vont sous leur nom
leur longue vie est devenue courte
un rêve et pas d'os

plus bas
la boutonnière avec un
je ne sais quoi qui brille
puis
le papier
comme une langue blanche et
à droite
Mes remerciements à l'artiste
du fond du cœur

les hommes vivent le présent avec ingénuité
nous avons du brouillard et une fleur
elle me rappelle la lumière
la vie n'est pas facile à
mon âge
je paye pour chaque jour
pour chaque mot

le quotidien n'est pas le présent
ou bien
          la vie piétine
sous le vent et les jours tendent
un mât sans voiles
nous avons dans la tête une île
errante et c'est un dé qui
roule vers la chance

monsieur le génie
le dos au mur
deux rides écartent leur triangle
où s'enfonce le nez

l'émotion est immortelle
elle tourne dans le corps
puis fond
comme l'oiseau
ce qu'elle attrape alors
descend vers le futur

dis-moi
le sujet le verbe
le miroir pendu
la tête coupée par l'image
la bouche où furent amour et salive

on pense avec cela aussi
et le vécu se trie
tombe en tête

monsieur le nom
votre visage est la planche 52
et là
qui est là

couché hors de soi
rien n'arrive de ce côté
en face viennent les passants
ils regardent l'image
ils oublient le deuil et le petit oiseau

a vécu
a travaillé

les morts ont pour avoir
tout cela
qu'ils n'ont plus

l'aile sous l'écrit

un jour
la bouche est devenue obscure
la langue re
muait
maintenant la vie n'est plus chaude
je cherche mes mains et
dans mes mains le pouce
originel
le temps est de la terre
autour des os
du monde notre mort
épaissit cette chair on creuse
pour se souvenir
l'air noircit puis
c'est du vent
le vent est la langue
qui remue la langue
elle a racine en l'air
pourquoi
pourquoi l'air qui n'est pas
visible ressemble-t-il au

visible pourquoi nos yeux s'y boivent-ils
eux-mêmes il y a
la nuit il y a la main
sur la bouche
tout ce qui couvre couvre
le même deuil
les lèvres lâchent nos paroles
une pierre tombe de moins
haut
on oublie et
quand on ne sait plus
ce que l'on sait
la vie est à l'aise
un peu d'est-ce moi
rend la tempe douce
les os ont tout
leur temps le nom
aussi on dit
que ce qui est écrit cache
la chose qui voulait
l'être
c'est faire du mystère à peu de frais
il n'y a de mystérieux que le venir
et qu'il batte de l'aile
sous l'écrit et non pas
au-dessus
les dieux d'autrefois se sont trompés
s'ils avaient aimé l'en-dessous
ils vivraient
on peut tout imaginer
sauf un premier

jour pourtant l'eau fraîche
vient d'en bas regarde
les yeux de ta mère
le corps pense avec ses mains
il fabrique de la tête peu à peu
et la mort ouvre sa porte
dans la bouche même
je ne tiens pas tellement à moi
mais qui peut faire l'autre
on dit que les jours s'en vont
alors qu'ils viennent
nous sommes l'avenir du temps
comment disperser le cercle
la moelle de l'homme s'enferme
devient centrale
le centre attire la mort
le silence n'a pas de centre
il est le plein et le vide
l'écoute du commencement sans fin
alors tous les siècles forment
un seul aujourd'hui
la vieille blessure écarte
ses lèvres pour rire
dis-moi
est-ce en nous l'inconnu qui cherche
un nom ou bien le nom qui cherche
l'inconnu
pour que le ciel cache la terre
un peu d'eau suffit
c'est en nous-même
que l'autre nous attend

il faut éplucher
le visage à coups de qui
le nom est le labyrinthe
l'oubli sa bête
parfois mon crâne a un fond
la réalité y jette quelques sous
le souviens-toi qui tinte
est un bris de vitre
mais dans quels yeux
je voudrais citer tous les livres
la citation est un plat
froid et moi
voyant tout à coup ma table
mon papier
ma main
je vois
une
chose
mais les trois qui composent la chose
ne la sont
pas
ce qui existe
ressemble à ce qui le fait
exister
un peu de non-pensée suffit
à refléter le ciel
d'en bas
ma main
mon papier
ma table
qu'ai-je pensé

qui
déjà
enlevait la peau
de mon visage
parfois tout se tient
sauf moi
et ce défaut suffit à donner lieu

le bat de la bouche

I

la vie
un peu d'eau
quelques mots sur la langue
tu vois
mais le visible s'ampute
de lui-même
il ne sait être que le jour
les signes
eux
sont toujours noir sur blanc
tu vois
mais le lisible est lié à l'obscur
la mort écrit derrière les yeux
dans la même lumière
l'excès de nuit
nous fait cette peau blanche
je sens ma voix
quand quelque chose veut
mes lèvres
j'ai soif
chacun a sa part de parole

le vieux désert déroule entre mes côtes
une page de sable
partout
un dessous en travail
le souffle comme le vent

— que cherches-tu ?
— l'issue du désir
— que vois-tu ?
— je vois la scie du temps
dans l'haleine des os

parfois
ouvert à ce qui s'ouvre
je suis ce que j'écris
parfois
j'écris contre moi
j'écris mon nom sur mon corps
ma peau voudrait se retourner

les dieux sont bêtes
ils gardent notre vieille maison
l'immédiat s'écroule
dans l'idée
entre les choses et moi
vient la venue
de là
un là qui n'est jamais tout à fait là

chaque mot maintient la distance
dans chaque mot

je mange la distance
le présent n'a pas de lieu
la source des yeux
se perd dans les yeux

II

la langue a créé le temps
puis s'en apercevant
elle a créé dieu
pour qu'il mange le temps
maintenant
nous marchons sur ses dents

III

la terre est derrière nos yeux
parfois elle nous rattrape
l'art fait l'appoint
ou bien la différence

le cercle des choses doit s'anéantir
pour qu'apparaisse la nudité

on peut écrire sans parler
ce n'est pas normal
la langue noircit
le monde est réfléchi
les outils sont mentaux
les mains ne sont plus de notre côté

toi — ô toi !
qui te caresse ?

IV

décevoir
car voir détache
on pose une question
la passion s'en mêle
toute passion est un abus
détonnant
quel visage veux-tu ?
l'Autre est une bouche qui dit
NON
j'allume un feu de naufragé
change-moi dis-je
fais de moi un toi
les gens sont trop vrais
moi pas assez
un homme isolé n'existe pas
il faut de la conséquence et
que tout se tienne
oui dis-tu que tout se tienne
mais à force
de
NOM
donne-moi ta main visuelle
allons-nous-en

V

Un homme, tout le temps, se plaignait d'être trop grand. Ah ! fit-il un jour, si dieu me raccourcissait, je croirais en dieu. Bien entendu, dieu aussitôt lui apparut.

— Fais un vœu, lui conseilla dieu.

Le grand homme n'en croyait pas ses yeux, et puis — comprenez-le, comment savoir si c'est vraiment dieu ?

— Ne veux-tu pas faire un vœu, insista dieu, je ferai ce que tu veux.

L'homme n'en ouvrit que plus grands ses yeux, si bien que cette grandeur s'ajouta en lui à toutes les autres. Dieu se lassa, puis s'effaça. Le grand homme revint alors à la raison et rongea ses mains de désespoir. Mais sa conscience alors s'éveilla et lui suggéra :

— Ronge plutôt ton crâne et tes pieds, car il est écrit : Aide-toi, le ciel t'aidera.

VI

on connaît de plus en plus de morts
ainsi la ma
tière agit sur l'ar
tiste et le prédispose à la pen
sée
ta main

est-ce un gant de chair ?
il n'y a d'in
fini que dans le
fini
on se fait mal à cette idée
qui te retient ?
les mots sont la fumée invisible
du désir
elle monte d'autant plus haut
qu'il y a
des tombes dans ta
bouche
je chante à ma façon
la gorge au mur si je puis dire
d'où vient le rut et le couler
on l'ignore
on continue simplement
et tu vois
le cœur est plus discret que la tête
l'émotion ne sert plus
bien qu'elle soit matérielle
si je tire la langue
pour t'écrire
il faut que ce soit en chinois
car écrire n'a pas ici de sang
alors qu'il en a deux là-bas
écrire et faire l'amour
mais qu'est-ce que la poésie ?
un doigt sur la peau
pierre du temps
qui mousse

VII

clic
rien n'aura eu lieu que le lieu
clac

VIII

On dict en Italie, en commun proverbe, que
celui-là ne cognoit pas Vénus
en sa parfaicte douceur qui
n'a couché avec la boiteuse...
Les jambes et les cuisses des boiteuses
ne recevant, à cause de leur
imperfection,
l'aliment qui leur est deu, il en advient
que les parties
génitales, qui sont au-dessus, sont
plus plaines, plus
nourries et vigoureuses...
Lorsque,
durant l'acte sexuel, l'homme se sent sur
le point d'éjaculer, il lui faut
d'urgence et solidement
presser, avec l'index et le médius, l'endroit
qui se trouve entre le scrotum et
l'anus ;
en même temps il inspire profondément et
grince des dents

bon nombre de fois, sans retenir
son souffle. Le sperme alors se trouve activé,
mais ne sort point ; il quitte
la tige de jade et entre dans le cerveau...

IX

les mots vont droit devant
comme la mort
nous
au croisement
nous bandons pour traverser
le mouvement
le réel n'est réel qu'en un lieu
la vie n'est la vie qu'en un temps
nous aimons que
ce qui est
soit
nous aimons également tourner court
car le sens alors
se répand
hors du lit et de
l'emportement
il quitte la tige
et fout dans le cerveau l'élan
du maintenant
lequel ne va pas de l'avant
mais coupe
rondement

hymen hymen hymen

la garantie
                        la valeur
ces choses-là ne vont pas sous leur nom

ainsi
          je te donne mon cœur

la garantie
                        assure qu'on jouira de la chose et
                                    qu'elle
                        est protégée contre tout dommage
                                    éventuel

chaque promesse
est
une petite culotte invisible
et
la valeur
                    baisse ou monte
                    entre la droite et la gauche
                    selon qu'on les écarte un peu
                    beaucoup pas
                    sionnément ou pas
                    du
                    tout

cumul
capital
    qu'est-ce qui fait qu'un trou est un trou
    c'est qu'il est ouvert
    un petit coup suffit
    et
    rien
    ne sera plus jamais comme avant

tout commence
par une fin
mince
limite
    ô si fine si ténue si légère si étroite si
    menue si cachée si interne si dérobée si
    scellée
    et le plus
    beau jour de la vie
    est un drap qu'on
    porte à la banque
    pour déposer la signature

    consommer
        c'est faire des choses un usage qui
        les détruit
    conserver
        c'est maintenir les choses en
        bon état
exemple :
        l'histoire conserve la mémoire
        des grands hommes

mais quoi
ça tourne
et chaque homme peut provoquer SON jour
quand la vie est une pensée
qu'on déroule
ça tourne
et voyez
        tout le réel est
        de seconde main
        seul l'absolu est impénétrable

une boîte un couvercle une étiquette
un volume et voilà
le problème n'est
plus que
    comment ressusciter d'entre les vivants
mais
un jour
la lumière mangera la couverture
et chaque lèvre
        lèvera la paupière
d'une langue en fête

tombeau de pierre

la nuit est tombée
tu n'as pas sauté par-dessus

où sont les immortels
l'impératif
le pourquoi

quelqu'un hurle en dedans
il ruine son corps

la blanche passe sur les pierres
l'ombre du gel

que faire avec jadis
tout est faux dans le vrai

l'autre est un sosie de moi
même cicatrice

dans ce bruit d'air
la main touche le vide
le nom cherche un visage

il n'y a plus de scène
rien que ce bruit
sans bruit

oh disais-tu
tout ce néant gélatineux
l'anus
c'est encore par ce trou
que je reste dedans

la voix éteinte
tu entres dans l'argile

sous la mèche
sous la résine

il n'y a plus de ficelles
plus de clous
plus de boîte où ranger
la fabulation

tu parles dans ma bouche
tu mets ma langue

mon ombre erre
dans ma vie

la page
l'épaule des rêveuses

tu écoutes près des ronces
l'avenir s'en va

j'entre dans l'informe
le moi sans corps

la viande
la coulure

l'encre de chien
la froide

il faut refaire
refaire

les grands lambeaux
les hontes naturelles

chaque vie est seule
dans la vie

chaque vie
dans sa vie

sueur
le sens perdu

comme une main
qui remuerait du vent

l'œil vient sur la langue
il voit dans la salive
la baignade des morts

tout parle disais-tu
tout parle
sauf l'être

à quoi sert la pensée
le fouet d'orties

le souvenir
cet os de la mémoire

et toi
disant et redisant
les dires sont prédires

disant
j'écris dans le non de la parole

qu'est-ce que non
quand rien n'est réversible

petite farce
pour un frisson de durée

il y a toujours devant nous
une chose

que nous allons comprendre
elle se tient au-delà

unique objet
quelques mots frottés à tu

mais tu
reste une peau lointaine

pourtant
te voilà immobile

l'oubli travaille maintenant
où travaillait le temps

le tu
un détritus de tête

la pensée rejaillit
de visage en visage
toi

tu voulais faire mieux
que ta vie

comment tirer de la vie
la contre-vie

notre appétit toujours
terrifie les dieux

ils ont la lourde éternité
nous avons le sens
attache fragile

leur présent est le rêve
où ils ne peuvent pas rêver

ils n'ont pas à vivre
toi
tu n'as plus à mourir

il est venu
le perpétuel

le large espace

portrait

où est la lettre ?

cette question vient d'un mourant
puis il se tait

tant qu'un homme vit
il n'a pas besoin de compter sa langue
quand un homme meurt
il doit rendre son alphabet

de chaque mort
nous attendons le secret de la vie
le dernier souffle emporte
la lettre manquante

elle s'envole derrière le visage
elle se cache au milieu du nom

merci

à Jacques Dupin qui a publié *bouches* avec une sérigraphie d'Hervé Télémaque dans la forme d'un poème-affiche, Editions Maeght, 1976 ;

à René Rougerie et à Jean Digot, qui ont publié *bouches* dans « Poésie en Rouergue », n° XIX de *Poésie présente* ;

au groupe de Lettres de Casse — et en particulier à Jean-Paul Chague et à Jean-Pierre Miglioli — qui publia *la photo d'un génie*, à Draguignan, en 1979, à 165 exemplaires, dont 15 avec une lithographie de Jean-Pierre Vignes ;

à Charles Dobzynski, qui m'a permis de corriger *la photo d'un génie* en la faisant figurer dans « Poésie française d'aujourd'hui », *Europe*, n° 645-646, janvier-février, 1983 ;

à Emmanuel Hocquard, qui a publié *l'aile sous l'écrit* dans sa collection « Figurae », chez Orange Export Ltd, Paris, 1977 ;

à Françoise Xénakis, qui a fait paraître *l'aile sous l'écrit* dans *Le Matin* ;

à Philippe de La Génardière qui a retenu *l'aile sous l'écrit* pour la plaquette éditée par Flammarion sous le titre *Bernard Noël aujourd'hui*, Paris, 1979 ;

à Peter Bramsen, qui a publié *le bât de la bouche* en compagnie de 15 lithographies de Jan Voss, Atelier Clot, Bramsen et Georges, Paris, 1976 ;

à Maurice Nadeau qui a publié *le bât de la bouche* dans le nº de février-mars 1977 des *Lettres Nouvelles* ;

à Denis Lazerme, qui m'a fait écrire *hymen hymen hymen* pour accompagner son film, *Hymen*, en 1983 ;

à Christiane Chevigny, qui a publié *hymen hymen hymen* dans le nº 1 de la revue *Aires*, Saint-Etienne, octobre 1985 ;

à Bruno Roy, qui a publié *tombeau de pierre* à 9 exemplaires accompagnés chacun de deux aquarelles originales de Ramon Alejandro, Fata Morgana, Fontfroide-le-Haut, 1986 ;

à Jean-Yves Collette et à Michel Gay, qui ont publié *tombeau de pierre* dans le nº 164, intitulé « Prose/ Opéra », de la *Nouvelle Barre du Jour*, et qui ont également publié à 100 exemplaires *la photo d'un génie*, *l'aile sous l'écrit* et *tombeau de pierre*, nbj, Montréal, Québec, 1986 ;

à Patrick Mouze, qui a publié *portrait* dans sa plaquette consacrée aux « portraits schizobigleux » de Colette Deblé ;

à Jean-Pierre Laurens, qui a publié *portrait* dans le nº 7 de sa revue, *genièvre*.

SUR UN PLI DU TEMPS

toujours le plus
aura manqué
la langue a touché
trop d'ombre
trop compté
les lettres du nom
une fois
cent fois
mille fois
les mains
ont rebâti
la statue
des larmes
mot
tombé
d'un mot
l'être
a roussi
dans le souffle
quelle fin
la bouche

troue
un visage
l'ombre
gouverne
sous les yeux
une pierre
pousse
entre nous

toujours au pays nain
la métamorphose
aura manqué
un gué
pour passer la salive
vers le tu
poussière
de sucre
dans la pluie
l'aile y bat
vainement
on s'est vêtu
de presque
de encore
on a dit
viens
le mot cœur
battait
de ne pas
battre
on touchait
le masque

puis le sang
la trace
de l'haleine
le pli
de la paupière
décousu

toujours le fil
aura manqué
pour raccommoder
la blessure
la dent
pour ronger
le chaos
on a crié
partout
le nombre
dans le vent
cloué
sur le front
la petite lumière
rempaillé
l'enclos
du vocabulaire
le ciel est blanc
comme une chevelure
où est la voix
qui passait
sous la pendule
où es-tu
quand les morts

marchent
dans la neige
qui tombe en moi

toujours la fin
du temps
l'escalier
dans les ruines
chacun devient
sa propre porte
le bois du deuil
comment sortir
par soi de soi
un courant d'air
l'au-delà
baise l'œil
tu montes
sur le fagot
des cils
tu fais du feu
sur tes lèvres
qui l'aurait cru
le possible
n'est rien
qu'un petit doigt
à la main
d'air
à contre-temps
le passant revient
avec sa hotte
de cerveau

HISTOIRE OBSCURE

à Anne et Bertrand Dorny

les fantômes parlent
tout le jour
est matière
à mots
le corps
s'épaissit
d'une buée
verbale

mémoire mémoire
l'ongle tranche
les battements
il y a des lèvres
sous la peau
une vieille chevelure
pousse
entre les dents

voici du je
qui bouge
on plaque par
dessus
un visage
on cherche l'œil
qu'il faut
pour s'en souvenir

sur la tempe
trotte un oiseau
d'air
le temps racle
un regard
la réalité tremble
dans la larme
d'un nom

quel vent touche
la langue
quel passant
qui ne sait
ni quand
ni où
ni lui
ni moi

NULLE PART MA VOIX

un mot s'en va
il porte la faim
du cœur
un appétit
dans sa poche d'air

qui voit
le ruisseau du souffle
tu lèves des yeux
où mon ombre passe
sans moi

une épave roule
dans la bouche
chose du futur
qui ne trouve pas
un présent

déjà l'étranger marche
sur l'aile des lettres
le ciel reblanchit
au bout de la langue
une épée de vent

quelle pluie frappe
ton visage quel jet
de sens oublié
tu marches ailleurs
je respire encore

ma main se remplit
de lumière froide
il reste
une petite saison
le sommeil bête

quand le jour viendra
regarde qui s'efface
sur tes lèvres
chaque nom meurt
en silence

FENÊTRES FOUGÈRE

à colette deblé

le rideau des larmes
la boîte d'air
qui est là
l'être a mangé
du vent
un peu de pluie
d'âme

la parole simple
le toi tu
au milieu du moi
la terre descend
le long des yeux
un cri de lumière
nue

le temps goutte à goutte
dans la peau du jour
qu'est-ce que le corps
les pierres dressées
au bout de la langue
la fleur d'œil
le monde réel

matière matière
le nom coule
sur l'épaule
tu t'habilles
de ton cœur
les couleurs s'en vont
au ruisseau des mains

la torche du corps
brûle
à contre-ciel
le visage ici
la tête là-bas
l'espace partout
un pré vertical

la chair du silence
la fumée de l'âge
un peu de mémoire
oblique
le miroir vu
depuis l'au-delà
le mouvant d'une pensée

la vie est la trace
de la vie
la moelle des yeux
s'allume au bonheur
tout est là
comme un mot
sur la langue

SUR UN PLI DU TEMPS

ibis
le noir le blanc
une bouche faite
d'entre deux
je ne sais pas
quelque chose m'attend
parmi les choses
une pierre au front
de la réalité
il y a du ho du ah
du corps à peine
du où du quand
du pourquoi
la voix est un sac
d'air
qu'on frappe
la pensée respire
à travers une larme
un bâton cassé
dans le regard
les noms refluent

les mots
vers le fond
le ciel au bout
du doigt
tourne
la main attrape
la langue
tire
tire en vain
une ombre se couche
sur les yeux
je ne sais pas
le silence s'irrite
le souffle
souffle dessus
un rêve d'eau
fait fleuve en tête
puis vient le vent
le froid aux dents
le souvenir
qu'il pleut
chez les morts
trop de je
trop de cicatrices
le visage
est resté dehors
trop longtemps
la main s'arrête
quitte son gant
de peau
touche en soi

l'outil
l'arbre
trop de sert-à-rien
mange la matière
une béquille-à-langue
bouche la gorge
je ne sais pas
j'appuie sur la lumière
un rire monte
rature la rumeur
remet l'azur
au bord des lèvres
désavoue
le mot à mot
l'œillée froide
passent
le germe la chanson
le vent de sable
l'orpheline
la bouche-non-baisée
grignote les lettres
du nom
que je ne sais pas
le monde chavire
derrière des dents petites
dis-moi qui
je suis quel blanc
dans quel cœur
personne n'a passé
la porte du suis
le corps est un livre

jamais ouvert
la vie a cousu
l'envers sur l'endroit
qui sait lire
dans l'inséparé
ce pas-savoir
nous habille
ô sac sans suture
l'étranger regarde
à contre-corps
la fleur d'ombre
il lance
le couteau-bonheur
il jette son tu
sur la tempe
je ne sais pas
qui frappe à la couture
ni pourquoi la mémoire
a noyé les genoux
puis le ventre
un linge flotte
en tête une farine
d'alphabet
plus d'images
plus qu'un désir
de traverser le lit
de peau le lit
de nom

BIBLIOGRAPHIE

Bernard Noël est né le 19 novembre 1930, à Sainte-Geneviève-sur-Argence, dans l'Aveyron. Les événements qui l'ont marqué sont ceux qui ont marqué sa génération : explosion de la première bombe atomique, découverte des camps d'extermination, guerre du Viêt-nam, découverte des crimes de Staline, guerre de Corée, guerre d'Algérie... Ces événements portaient à croire qu'il n'y aurait plus d'avenir. D'où un long silence, comme authentifié par un seul livre, *Extraits du corps*, 1958. Pourquoi je n'écris pas ? est la question sans réponse précise qui équilibre cette autre : Pourquoi j'écris ? devenue son contraire depuis 1969. Cet équilibre exige que la vie, à son tour, demeure silencieuse sous l'écriture, autrement dit que la biographie s'arrête aux actes publics que sont les publications.

OUVRAGES EN ÉDITION COURANTE

1958 *Extraits du corps*, Editions de Minuit, Paris. Réédition dans *la Peau et les Mots*, coll. Textes, Flammarion, Paris, 1972 ; dans *Extraits du corps, poèmes complets 1954-1970*, coll. 10/18, U.G.E., Paris, 1976 ; dans *Poèmes 1*, coll. Textes, Flammarion, 1982. Edition définitive : *Extraits du corps*, Editions Unes, Le Muy, 1988, avec des illustrations de Gilbert Pastor.

1967 *La Face de silence,* Flammarion, Paris. Rééditions dans *Extraits du corps, poèmes complets 1954-1970,* coll. 10/18, U.G.E., Paris, 1976 et dans *Poèmes 1,* coll. Textes, Flammarion, 1982.

1969 *Le Château de Cène,* sous le pseudonyme d'Urbain d'Orlhac, Editions Jérôme Martineau, Paris (la 2e et la 3e édition sont augmentées d'une préface d'Emmanuelle). Réédition corrigée sous le nom de Bernard Noël, chez Jean-Jacques Pauvert, Paris, 1971 (la 3e édition, 1975, est augmentée de « L'Outrage aux mots »). Rééditions, toujours avec « L'Outrage aux mots », coll. 10/18, U.G.E., Paris, 1977, et coll. Nulle Part, Cahiers des Brisants, Mont-de-Marsan, 1984. Rééditions augmentées de « Le Château de Hors », « L'Outrage aux mots » et « La Pornographie », coll. L'Arpenteur, Editions Gallimard, Paris, 1990 ; Le Grand Livre du Mois, 1991 ; coll. L'Imaginaire, Editions Gallimard, 1993.

1970 *Une Messe blanche,* Fata Morgana, Montpellier (rééditions en 1972, 1977 et 1984).

1971 *Dictionnaire de la Commune,* Editions Fernand Hazan, Paris. Réédition augmentée de 73 articles, d'un index thématique et d'une préface, 2 vol. coll. Champs, Editions Flammarion, Paris, 1978.

Le Lieu des signes, Editions Jean-Jacques Pauvert, Paris. Réédition corrigée, Editions Unes, Le Muy, 1989.

Souvenirs du pâle, Fata Morgana, Montpellier. Réédition augmentée de « Le Même Nom », Fata Morgana, 1975 et 1981.

1972 *La Peau et les Mots,* coll. Textes, Flammarion, Paris.

1973 *Les Premiers Mots,* coll. Textes, Flammarion, Paris. Réédition, 1990.

Deux Lectures de Maurice Blanchot, comprenant « D'une main obscure » par Bernard Noël et « Une Passion » par Roger Laporte, coll. Le Grand Pal, Fata Morgana, Montpellier.
Le Livre de Coline, Fata Morgana, Montpellier. Réédition dans *Poèmes 1*, coll. Textes, Flammarion, Paris, 1983.

1975 *Treize Cases du je*, coll. Textes, Flammarion, Paris. Réédition, 1993.

1976 *Magritte*, coll. Les Maîtres de l'Art moderne, Flammarion, Paris.

1977 *Le Double Jeu du tu*, en collaboration avec Jean Frémon, coll. Le Grand Pal, Fata Morgana, Montpellier.

1979 *Le 19 octobre 1977*, coll. Textes, Flammarion, Paris.
Gustave Moreau, Editions Fernand Hazan, Paris.
Le Château de Hors, Fata Morgana, Montpellier.

1980 *URSS aller retour*, Flammarion, Paris.
D'une main obscure, Fata Morgana, Montpellier.
Bruits de langues, Talus d'Approche, Le Roeulx, Belgique.

1982 *La Moitié du geste*, Fata Morgana, Montpellier.
L'Eté langue morte, Fata Morgana, Montpellier.
Jardins et Squares, avec des photographies d'Edouard Boubat, Editions A.C.E., Paris.

1983 *La Chute des temps*, coll. Textes, Flammarion, Paris.
Poèmes 1, coll. Textes, Flammarion, Paris.
Matisse, Editions Fernand Hazan, Paris. Réédition revue et augmentée, Editions Hazan, 1987.
Peter Klasen, Editions Autrement, Paris.
L'Enfer, dit-on, Editions Herscher, Paris.

1984 *Olivier Debré*, Editions Flammarion, Paris.

1985 *Le Sens la Sensure*, Talus d'Approche, Le Roeulx, Belgique.
Trajet de Jan Voss, André Dimanche, éditeur, Marseille.
Fables pour ne pas, Editions Unes, Le Muy.

1986 *La Rencontre avec Tatarka*, Talus d'Approche, Le Roeulx, Belgique.
La Rumeur de l'air, Fata Morgana, Fonfroide-le-Haut.
Le Nu, coll. Photo Poche, Centre National de la Photographie, Paris.

1987 *A la recherche de François Lunven*, Calligrammes, Quimper.
Christian Jaccard : le Roman des nœuds, Editions de la Différence, Paris.
Suite Fenosa, comprend « la Statue d'élans » de Bernard Noël et « Suite Fenosa » de Bernard Vargaftig, Editions Ryôan-Ji, Marseille.

1988 *Journal du regard*, P.O.L., Paris.
Onze Romans d'œil, P.O.L., Paris.
Sur un pli du temps, Les Cahiers des Brisants, Mont-de-Marsan.
La Reconstitution, P.O.L., Paris.
Mathias Pérez : le Roman des corps, Editions de la Différence, Paris.
Portrait du Monde, P.O.L., Paris.
Zao Wou-Ki : les encres, Editions Séguier, Paris.

1989 *David*, coll. Les Maîtres de l'Art moderne, Flammarion, Paris.
Bertrand Dorny, Editions Ubacs, Rennes.

1990 *Olivier Debré : dessins*, Editions Adam Biro, Paris.

1991 *Géricault,* coll. Les Maîtres de l'Art moderne, Flammarion, Paris.
Le Dieu des poètes, Paupières de terre, Paris.

1992 *Genèse de l'arbre,* avec des photographies de Boris Lejeune, Editions de la Différence, Paris.
Les Peintres du désir, Editions Belfond, Paris.

1993 *André Masson : la Chair du regard,* coll. l'art et l'écrivain, Gallimard, Paris.

OUVRAGES À CONSULTER

Alain Jouffroy, *l'Incurable retard des mots,* Jean-Jacques Pauvert, Paris, 1972. — Mathieu Bénézet, *le Roman de la langue,* coll. 10/18, U.G.E., Paris, 1975. — Pierre Dhainaut, *Bernard Noël,* Editions Ubacs, Rennes, 1977. — Jean Daive, *Imaginary who pour B.N. et douze postes de radio,* Givre, Charleville, 1977. — *Bernard Noël aujourd'hui,* Flammarion, Paris, 1979. — Michaël Bishop, *The Contemporary Poetry of France,* Eight Study, Editions Rodopi, Amsterdam, 1985. — Hervé Carn, *Bernard Noël,* coll. Poètes d'Aujourd'hui, Editions Seghers, 1986. — *Bernard Noël un écrivain en Seine-Saint-Denis* (une étude de Claude Prévost et un entretien avec Pierre Dumayet), Conseil Général de Seine-Saint-Denis, 1987. — Claude Esteban, *Critique de la raison poétique,* Flammarion, 1987. — *Regard : Bernard Noël-François Lunven,* Médiathèque de Corbeil-Essonnes, 1989. — Steven Winspur, *Bernard Noël,* coll. Monographique, Editions Rodopi, Atlanta et Amsterdam, 1991.

NUMÉROS SPÉCIAUX DE REVUES

Givre, n° 2/3, Charleville-Mézières, 1977.

Spectacular Deseases, Londres, 1980.

Faire Part, n° 12/13, Valence, 1989.

DERNIÈRES PARUTIONS

61.	Louise de Vilmorin	*Poèmes.*
62.	Pierre Jean Jouve	*Diadème.*
63.	René Daumal	*Le Contre-Ciel.*
64.	Paul Claudel	*Poésies.*
65.	Paul Éluard	*Poésies 1913-1926.*
66.	Léon-Paul Fargue	*Épaisseurs* suivi de *Vulturne.*
67.	Roger Caillois	*Pierres.*
68.	Francis Jammes	*De l'Angelus de l'aube à l'Angelus du soir.*
69.	Maurice Fombeure	*À dos d'oiseau.*
70.	Rabindranath Tagore	*L'Offrande lyrique.*
71.	Philippe Jaccottet	*Poésie 1946-1967.*
72.	Pierre Reverdy	*Sources du vent.*
73.	Francis Ponge	*Pièces.*
74.	André Breton et Philippe Soupault	*Les Champs magnétiques.*
75.	Octavio Paz	*Liberté sur parole.*
76.	Jacques Dupin	*L'embrasure.*
77.	René Char	*Recherche de la base et du sommet.*
78.	Charles Cros	*Le Coffret de santal.*
79.	Charles Cros	*Le Collier de griffes.*
80.	Guillaume Apollinaire	*L'Enchanteur pourrissant.*
81.	Jean Tardieu	*La part de l'ombre.*
82.	Georges Limbour	*Soleils bas.*
83.	Pablo Neruda	*Résidence sur la terre.*
84.	Michel Butor	*Travaux d'approche.*
85.	Charles Baudelaire	*Les Fleurs du Mal.*
86.	Hölderlin	*Hypérion.*
87.	Arthur Rimbaud	*Poésies. Une saison en enfer. Illuminations.*
88.	Lautréamont	*Œuvres complètes.*
89.	Alfred de Vigny	*Poèmes antiques et modernes. Les Destinées.*
90.	Michel Deguy	*Poèmes 1960-1970.*
91.	Victor Hugo	*Les Contemplations.*
92.	Tristan Corbière	*Les Amours jaunes.*
93.	Paul Verlaine	*Fêtes galantes, Romances sans paroles* précédé de *Poèmes saturniens.*

94.	Paul Morand	*Poèmes.*
95.	Charles Baudelaire	*Petits Poëmes en prose.*
96.	François Villon	*Poésies.*
97.	Victor Segalen	*Stèles.*
98.	Toukârâm	*Psaumes du pèlerin.*
99.	Marguerite Yourcenar	*Fleuve profond, sombre rivière.*
100.	Gérard de Nerval	*Poésies et Souvenirs.*
101.	Paul Éluard	*Le livre ouvert.*
102.	Paul Valéry	*La Jeune Parque.*
103.	Paul Claudel	*Connaissance de l'Est.*
104.	Pierre de Ronsard	*Les Amours.*
105.	Jean de La Fontaine	*Fables,* Livres I à VII.
106.	Jean de La Fontaine	*Fables,* Livres VIII à XII.
107.	Dante	*Vita Nova.*
108.	Virgile	*Énéide.*
109.	Joachim Du Bellay	*Les Regrets. Les Antiquités de Rome.*
110.	William Shakespeare	*Sonnets.*
111.	Paul Verlaine	*Sagesse. Amour. Bonheur.*
112.	Robert Desnos	*Destinée arbitraire.*
113.	Stéphane Mallarmé	*Igitur. Divagations. Un coup de dés.*
114.	Aragon	*Les Poètes.*
115.	Alfred de Musset	*Premières Poésies. Poésies nouvelles.*
116.	Francis Ponge	*La rage de l'expression.*
117.	Pablo Neruda	*Mémorial de l'Île Noire* suivi de *Encore.*
118.	Victor Hugo	*Les Châtiments.*
119.	Alfred Jarry	*Les Minutes de sable mémorial. César-Antechrist.*
120.	Guillevic	*Sphère.*
121.	Rainer Maria Rilke	*Vergers.*
122.	Paul Éluard	*Donner à voir.*
123.	***	*Anthologie de la poésie japonaise classique.*
124.	René Char	*Le Nu perdu.*
125.	Marguerite Yourcenar	*Présentation critique de Constantin Cavafy (1863-1933).*
126.	Octavio Paz	*Versant Est.*

127.	Guillaume Apollinaire	*Le Poète assassiné.*
128.	Cesare Pavese	*Travailler fatigue. La mort viendra et elle aura tes yeux.*
129.	Jules Laforgue	*Poésies complètes,* I.
130.	Jules Laforgue	*Poésies complètes,* II.
131.	Paul-Jean Toulet	*Les Contrerimes.*
132.	Paul Verlaine	*La Bonne Chanson. Jadis et naguère. Parallèlement.*
133.	André Pieyre de Mandiargues	*Le point où j'en suis.*
134.	Rabindranath Tagore	*Le Jardinier d'amour.*
135.	Francis Ponge	*Lyres.*
136.	Aloysius Bertrand	*Gaspard de la Nuit.*
137.	Aragon	*Le Crève-Cœur.*
138.	Novalis	*Les Disciples à Saïs. Hymnes à la Nuit.*
139.	Max Jacob	*Le laboratoire central.*
140.	Pier Paolo Pasolini	*Poésies 1953-1964.*
141.	Victor Hugo	*Odes et Ballades.*
142.	Francis Jammes	*Clairières dans le Ciel.*
143.	Alfred Jarry	*Gestes et opinions du Docteur Faustroll. L'Amour Absolu.*
144.	Antonio Machado	*Champs de Castille.*
145.	Alphonse de Lamartine	*Méditations poétiques.*
146.	Joë Bousquet	*La Connaissance du Soir.*
147.	Giuseppe Ungaretti	*Vie d'un homme.*
148.	Jacques Audiberti	*Des Tonnes de semence. Toujours.*
149.	Germain Nouveau	*La Doctrine de l'Amour.*
150.	Raymond Queneau	*Courir les rues. Battre la campagne. Fendre les flots.*
151.	Victor Hugo	*Les Orientales. Les Feuilles d'automne.*
152.	Pierre Reverdy	*Ferraille.*
153.	José-Maria de Heredia	*Les Trophées.*
154.	Théophile Gautier	*Émaux et Camées.*
155.	Ossip Mandelstam	*Tristia.*
156.	***	*Anthologie de la poésie chinoise classique.*
157.	Paul Éluard	*Une leçon de morale.*

158.	Yves Bonnefoy	*Poèmes.*
159.	Giacomo Leopardi	*Canti.*
160.	Max Jacob	*Derniers poèmes en vers et en prose.*
161.	Edgar Poe	*Poèmes.*
162.	Victor Hugo	*Les Chansons des rues et des bois.*
163.	Émile Verhaeren	*Les Campagnes hallucinées. Les Villes tentaculaires.*
164.	Pierre Mac Orlan	*Poésies documentaires complètes.*
165.	François Malherbe	*Poésies.*
166.	Alain Bosquet	*Sonnets pour une fin de siècle.*
167.	Lorand Gaspar	*Sol absolu.*
168.	***	*Anthologie de la poésie française du XXe siècle.*
169.	Victor Hugo	*Les Chants du crépuscule. Les Voix intérieures. Les Rayons et les Ombres.*
170.	Maurice Fombeure	*Les étoiles brûlées.*
171.	Emily Brontë	*Poèmes.*
172.	François Pétrarque	*Canzoniere.*
173.	Louise Labé	*Œuvres poétiques.*
174.	Jules Romains	*La Vie unanime.*
175.	Édouard Glissant	*Le sel noir.*
176.	Jean Cocteau	*Vocabulaire. Plain-Chant.*
177.	Claude Roy	*Sais-tu si nous sommes encore loin de la mer ?*
178.	Marceline Desbordes-Valmore	*Poésies.*
179.	Jean Follain	*Usage du temps.*
180.	Marie Noël	*Les Chansons et les Heures.*
181.	Maurice Maeterlinck	*Serres chaudes. Quinze Chansons. La Princesse Maleine.*
182.	Pablo Neruda	*Chant général.*
183.	Maurice de Guérin	*Poésie.*
184.	André Frénaud	*La Sorcière de Rome.*
185.	Federico García Lorca	*Suites. Sonnets de l'amour obscur.*
186.	Maurice Scève	*Délie.*

187.	Georges-Emmanuel Clancier	*Le paysan céleste.*
188.	Victor Hugo	*La Fin de Satan.*
189.	Goethe	*Le Divan.*
190.	Marguerite Yourcenar	*La Couronne et la Lyre.*
191.	***	*Anthologie de la poésie française du* XIXe *siècle,* I.
192.	Paul Claudel	*Art Poétique.*
193.	Philippe Soupault	*Georgia. Épitaphes. Chansons.*
194.	Victor Hugo	*L'Année terrible.*
195.	Nicolas Boileau	*Satires. Épîtres. Art poétique.*
196.	Jorge Luis Borges	*Œuvre poétique, 1925-1965.*
197.	Alain Bosquet	*Poèmes, un.*
198.	Pierre de Ronsard	*Les Quatre Saisons.*
199.	André Frénaud	*La Sainte Face.*
200.	Guillevic	*Du domaine.*
201.	Henri Michaux	*Plume.*
202.	Charles Leconte de Lisle	*Poèmes barbares.*
203.	Victor Segalen	*Odes. Thibet.*
204.	Charles Péguy	*Le Porche du mystère de la deuxième vertu.*
205.	Michel Deguy	*Poèmes II (1970-1980).*
206.	André Salmon	*Carreaux.*
207.	Robert Mallet	*Quand le miroir s'étonne.*
208.	André Gide	*Les Cahiers et les Poésies d'André Walter.*
209.	Rutebeuf	*Poèmes de l'infortune.*
210.	Henri Michaux	*Ailleurs (Voyage en Grande Garabagne. Au pays de la Magie. Ici, Poddema).*
211.	Jean Tardieu	*L'accent grave et l'accent aigu.*
212.	Jean-Paul de Dadelsen	*Jonas.*
213.	Clément Marot	*L'Adolescence clémentine.*
214.	Fernando Pessoa	*Le Gardeur de troupeaux* et les autres poèmes d'Alberto Caeiro avec *Poésies d'Alvaro de Campos.*
215.	Georges Ribemont-Dessaignes	*Ecce Homo.*

216.	***	*Anthologie de la poésie française du XVIIe siècle.*
217.	Henri Michaux	*La nuit remue.*
218.	Virgile	*Géorgiques.*
219.	Jules Supervielle	*La Fable du monde. Oublieuse mémoire.*
220.	André Frénaud	*Les Rois mages.*
221.	Jacques Réda	*Amen. Récitatif. La tourne.*
222.	Daniel Boulanger	*Retouches.*
223.	Alain Bosquet	*Un jour après la vie. Maître objet.*
224.	Henri Michaux	*Connaissance par les gouffres.*
225.	Boris Pasternak	*Ma sœur la vie* et autres poèmes.
226.	Georges Perros	*Une vie ordinaire.*
227.	Jacques Roubaud	*ε.*
228.	Henri Michaux	*Épreuves, exorcismes.*
229.	Georges Séféris	*Poèmes,* suivi de *Trois poèmes secrets.*
230.	Pierre Reverdy	*Plupart du temps.*
231.	***	*Chansonnier révolutionnaire.*
232.	***	*Anthologie de la poésie lyrique française des XIIe et XIIIe siècles.*
233.	Daniel Boulanger	*Tchadiennes.*
234.	René Char	*Éloge d'une Soupçonnée.*
235.	Henri Michaux	*La vie dans les plis.*
236.	Robert Sabatier	*Les châteaux de millions d'années.*
237.	Norge	*Poésies 1923-1988.*
238.	Octavio Paz	*Le feu de chaque jour.*
239.	Claude Roy	*A la lisière du temps.*
240.	Edmond Jabès	*Le Seuil Le Sable.*
241.	Pierre Louÿs	*Les Chansons de Bilitis.*
242.	Miguel Angel Asturias	*Poèmes indiens.*
243.	Georg Trakl	*Crépuscule et déclin.*
244.	Henri Michaux	*Misérable miracle.*
245.	Eugène Guillevic	*Étier* suivi de *Autres.*
246.	Adonis	*Mémoire du vent.*
247.	Max Jacob	*Poèmes de Morven le Gaëlique.*
248.	Dylan Thomas	*Vision et Prière.*

249.	***	*Chansons françaises de la Renaissance.*
250.	Eugenio Montale	*Poèmes choisis (1916-1980).*
251.	Herman Melville	*Poèmes de guerre.*
252.	André du Bouchet	*Dans la chaleur vacante.*
253.	Gaspara Stampa	*Poèmes.*
254.	Daniel Boulanger	*Intailles.*
255.	Martial	*Épigrammes.*
256.	Michel-Ange	*Poèmes.*
257.	John Donne	*Poèmes.*
258.	Henri Michaux	*Face aux verrous.*
259.	William Faulkner	*Le Faune de marbre. Un rameau vert.*
260.	Walt Whitman	*Poèmes.*
261.	Stéphane Mallarmé	*Poésies.*
262.	Yves Bonnefoy	*Rue Traversière.*
263.	***	*Anthologie de la poésie française du XIXe siècle,* II.
264.	Hugo von Hofmannsthal	*Lettre de Lord Chandos.*
265.	Paul Valéry	*Ego scriptor.*
266.	Goethe	*Élégie de Marienbad.*
267.	Lorand Gaspar	*Égée. Judée.*
268.	Jacques Réda	*Les Ruines de Paris.*
269.	Jude Stéfan	*À la Vieille Parque.*
270.	Rainer Maria Rilke	*Lettres à un jeune poète.*
271.	Pierre Torreilles	*Denudare.*
272.	Friedrich Hölderlin	*Odes Élégie Hymnes.*
273.	W.B.Yeats	*Quarante-cinq poèmes.*

Ce volume,
le deux cent soixante-quatorzième
de la collection Poésie,
a été achevé d'imprimer par
l'Imprimerie Bussière à Saint-Amand (Cher)
le 5 octobre 1993.
Dépôt légal : octobre 1993.
Numéro d'imprimeur : 1998.
ISBN 2-07-032773-6. / Imprimé en France.

63885